LETTRE

A M. LE COMTE DE ***,

PAIR DE FRANCE,

SUR LE PROJET DE LOI RELATIF A LA
RÉDUCTION DES RENTES.

TROISIÈME ÉDITION,

Augmentée d'un Appendice ayant pour objet de constater
l'identité des deux projets de loi 1824 et 1825.

> Dans le premier projet il y avait de la violence;
> dans celui-ci il y a de la ruse voilà toute la
> différence

Par l'auteur de la *Politique de M. de Villèle*, de la
Note sur la situation de l'Espagne, etc., etc.

———————

PARIS.

IMPRIMERIE-LIBRAIRIE DE J. G. DENTU,

RUE DES PETITS-AUGUSTINS, N° 5.

1825.

AVERTISSEMENT.

A LA dernière session, M. de Villèle a présenté un projet de loi sur la *réduction des rentes;* on sait quelle a été sa fortune. Aujourd'hui il en apporte un autre sur leur *conversion* dite *facultative.* Le public, dont le bon sens est vraiment cruel, a fait observer sur le champ au ministre que ses deux projets se ressemblaient prodigieusement, et que, différens par la *forme,* ils ne formaient *au fond* qu'un seul et même projet.

Je suis tout à fait de l'avis du public.

J'ai exposé, dans le temps, avec le sentiment d'une conviction profonde, les vices du premier projet, le dommage notable qu'il ferait éprouver à la fortune de l'État, le trouble, le désordre incalculables qu'il jetterait dans les fortunes privées; les périls auxquels il exposerait l'ordre public, et le trône enfin; parce qu'il devait avoir pour effet inévitable, en blessant sans nécessité les intérêts, d'altérer les affections, au moins chez ceux en qui les affections sont susceptibles d'être modifiées par les intérêts. Malheureusement, de nos jours, le nombre en est très-grand.

Mes observations subsistent; si elles étaient bien fondées,

je ne dois pas hésiter à les reproduire ; et s'il y avait en elles de la vérité, elles conserveront ce caractère, appliquées à un nouveau projet qui n'a pas non plus perdu le sien. J'aurais pu faire de ces observations l'objet d'un nouvel écrit. J'ai préféré faire réimprimer celui-ci ; c'est une marque de déférence que j'ai cru devoir à des personnes qui l'ont approuvé, et que l'étendue de leurs lumières, leur habileté éprouvée rendent juges compétens en de pareilles matières. Toutefois, j'ai pensé qu'il était convenable d'y ajouter quelques considérations nouvelles ; elles ont pour but de constater l'identité des deux projets, et de faire voir, dans l'adoption du second, les mêmes résultats, les mêmes conséquences, les mêmes dangers qui étaient attachés à l'adoption du premier, et en ont nécessité le rejet. Elles ont aussi pour but d'amener la solution de cette question :

Qui a raison, du public ou de M. de Villèle?

LETTRE

A

M. LE COMTE DE ***,

PAIR DE FRANCE,

SUR LE PROJET DE LOI RELATIF A LA RÉDUCTION DES RENTES.

———

Monsieur le comte,

. . . .
. . . .
. . . .
. . . .

Il n'y a plus rien à dire sur cette importante question qui ne soit déjà connu. Après l'apparition d'une foule d'écrits plus ou moins dignes d'attention, surtout après la discussion approfondie à laquelle s'est livrée la Chambre élective, vous n'aurez guère d'autre tâche à remplir que celle de résumer les objections des adversaires du projet de loi, les réponses de ses défenseurs, et d'apprécier le mérite des unes et des autres. Telle est la marche que je suivrai ; seulement, pour y procéder avec l'ordre convenable, je les rangerai sous trois chefs différens ; j'envisagerai d'abord la mesure proposée sous les rapports de sa légalité, de sa justice, de sa moralité ; je dirai en second lieu ce qui me semble de l'opération financière en elle-même ; troisièmement enfin, j'aurai l'honneur de soumettre à V. S. les considérations politiques qui ont déterminé mon opinion.

La légalité de l'opération a été vivement controversée ; pour beaucoup de personnes, la question est restée au moins indécise, et je dois vous faire remarquer que c'est déjà un grand désavantage pour le projet de loi. Je n'entrerai pas à cet égard dans une discussion que je crois inutile ; je me bornerai à une seule réflexion. Les lois, en général, déterminent les applications diverses qui peuvent ressortir d'un principe généralement reconnu, d'un droit acquis et préexistant ; quelquefois aussi elles établissent un principe nouveau, elles créent un droit, afin d'en obtenir, dans l'application, les résultats réclamés par l'intérêt de la société. Ici l'on se fonde, et l'on est obligé de se fonder sur un droit que l'on dit acquis ; on trouve ce droit dans l'art. 1911 du Code civil. •

L'article a pour objet de régler les droits des particuliers entre eux, et l'on en conclut immédiatement qu'il doit aussi régler les droits existant entre les particuliers et l'État ; c'est-à-dire que d'une disposition de droit civil on fait arbitrairement une disposition de droit public. En principe, l'analogie est fausse ; en fait, elle doit, dans la question qui vous est soumise, donner matière aux objections les plus graves.

Lorsque l'on s'autorise d'une loi antérieure pour en faire une application nouvelle, l'on devrait toujours, ce me semble, se demander d'abord si cette application a été prévue par le législateur dont on invoque l'autorité ; l'on devrait interroger sa pensée première, entrer dans ses intentions, et bien déterminer.le but qu'il s'est proposé d'atteindre. Si nous suivons cette marche, qui me paraît tracée d'avance par la raison et la justice ; si nous nous reportons à la discussion savante et très-approfondie qui a précédé l'adoption de chacun des articles dont se compose le Code civil, qu'y trouverons-nous ? Pas une idée, pas un seul mot dont on puisse inférer que l'État ait voulu s'attribuer, pour le remboursement de ses rentes, le droit qu'il accordait aux particuliers. La nécessité d'établir ce droit a été uniquement fondée sur deux motifs développés par les hommes habiles appelés à concourir à la rédaction du Code; et comme vous avez le bonheur d'en posséder plusieurs parmi vos nobles collègues, je vous prierai d'invoquer leur témoignage à l'appui de mon assertion. Le premier motif allégué, fut que les rentes constituées ayant pour la plupart une origine féodale, il convenait d'en assurer l'extinction. Le second motif fut pris dans des idées d'ordre, et eut pour objet de mettre un terme aux difficultés sans cesse renaissantes dans les familles, par la division à l'infini des rentes perpétuelles. Le gouvernement d'alors n'a pas prévu, dira-t-on, la possibilité de racheter un jour au pair les rentes de l'État : cela se peut. Mais le gouvernement d'aujourd'hui peut-il fonder un droit que n'a pas prévu la loi qu'il est obligé de consulter? Voilà toute la question sous le rapport de la légalité. Elle est plus sérieuse que ne le pensent bien des gens; et je ne puis m'empêcher de vous faire observer que M. le ministre des finances a si bien compris la difficulté, qu'il n'a pas voulu, conformément à l'usage, faire entrer dans un considérant placé en tête de son projet de loi, l'article du Code civil, base indispensable de la loi proposée. M. le ministre des finances me répondra qu'il a regardé le droit comme incontestable ; mais, dans ce cas, j'aurai l'honneur de lui demander pourquoi il n'a pas voulu éviter tout prétexte de contestation, en relatant franchement le texte d'une disposition législative sans l'appui de laquelle son projet ne peut avoir de caractère légal.

J'ose croire que vous ne trouverez point de telles réflexions oiseuses ; vous êtes trop éclairé pour ne pas sentir que la position du législateur est déjà fâcheuse, lorsque le droit dont il réclame l'exercice lui est fortement contesté dans l'opinion publique, et que les inconvéniens attachés à cette position s'aggravent encore, lorsque l'usage qu'il veut faire d'un droit qui n'est pas évident, porte trop sensiblement l'empreinte d'une excessive sévérité.

Et cependant, monsieur le comte, je n'insisterai pas davantage sur ce premier point ; je ferai au contraire aux défenseurs du projet de loi, une concession que, dans mon opinion personnelle, je regarde comme bien large :

j'admettrai le droit ; je dirai que l'intérêt de
l'État peut dans certains cas autoriser le législateur à procéder par voie d'induction, et
à avoir recours à l'interprétation d'une loi antérieure, lorsque cette interprétation, d'une
part, n'est pas évidemment forcée, et que,
de l'autre, elle est vraiment nécessaire, et
peut avoir un résultat utile. Mais je demanderai en échange, que le législateur n'exerce
qu'avec une juste mesure le droit qui lui est
concédé. Mis en possession de la légalité, je lui
demanderai de bien se pénétrer de cette idée,
que la légalité n'est pas toujours la justice.

C'est sous ce point de vue que le projet
de loi ne me paraît pas mériter votre appro-
bation. Les principes de cette justice, dont le
sentiment est inné dans le cœur de l'homme,
sont ici blessés ; ils le sont doublement, et
avec une telle évidence, que les plus indifférens en sont frappés. N'attribuez pas à une
autre cause la vivacité, et, disons-le franchement, l'unanimité avec laquelle ce projet a
été repoussé par le public.

L'équité, dis-je, est doublement blessée ;
elle l'est d'abord par la surprise faite à la
classe entière des possesseurs de rentes ; elle
l'est, en second lieu, par l'inconcevable exa-

gération du montant de la réduction opérée sur le revenu des rentiers.

M. le ministre des finances a voulu repousser le reproche fort grave d'une surprise faite à la masse des rentiers de l'État; il a dit : « Le droit acquis au gouvernement de rembourser sa dette n'était pas ignoré; on prévoyait depuis long-temps qu'il en ferait usage; et la crainte du remboursement paralysait le crédit public, l'arrêtait dans son essor. » La bonne foi de M. le ministre des finances ne peut être mise en doute; aussi, je n'hésite pas à croire que, dans cette circonstance, sa religion ait été surprise, qu'il ait été induit en erreur par des rapports peu fidèles. Jamais, monsieur le comte (à cet égard, je suis persuadé que vous partagez ma conviction), jamais droit n'a été plus ignoré que celui dont le gouvernement vient inopinément réclamer l'exercice. La partie intéressée était sur ce point dans la sécurité la plus complète; l'article du Code civil était généralement regardé comme exclusivement destiné à régler, sur la matière, les intérêts des particuliers entre eux; ou, pour être plus vrai, bien peu de personnes avaient connaissance de cet article; et aucune, à l'exception des auteurs du pro-

jet, ne pensait que le gouvernement eût le
pouvoir, encore moins la volonté de s'en servir pour attaquer les rentiers de l'État. Le
public avait tort, me dira-t-on ; il était dans
l'erreur. Je le veux ; mais cette erreur même
ne devait-elle pas être prise en considération ?
une administration bienveillante ne devait elle
pas en tenir compte dans ses calculs ? Cette
erreur était respectable : c'était un hommage
rendu au gouvernement du Roi ; on se reposait dans sa bonne foi, et avec raison, car
jusqu'à ce jour elle s'était montrée inviolable ;
on se reposait dans la parole d'un ministre du
Roi parlant en cette qualité, et déclarant à la
tribune, que *jamais* le gouvernement n'offri-
rait le remboursement du capital de sa dette ;
on trouvait enfin dans le passé des gages de
sécurité pour l'avenir. Les antécédens sont
toujours une autorité puissante ; et il faut
avouer qu'en matière de finances, ils étaient
de nature à concilier au gouvernement la confiance la plus illimitée ; on ne pouvait perdre
le souvenir de la fidélité avec laquelle il avait
rempli tous les engagemens, ceux qui n'é-
taient pas les siens, et ceux-là même qui n'é-
taient pas des engagemens de l'État : fidélité
poussée jusqu'à un excès qui blessait peut-être

les règles d'une justice exacte et distributive, mais qui du moins nous avait assuré le précieux avantage de voir notre crédit public élevé à un degré de prospérité que pouvait nous envier le plus riche peuple du monde.

Ces considérations étaient bien faites, je pense, pour exercer une influence salutaire sur la détermination de M. le ministre des finances; il a voulu les méconnaître; homme d'État, il n'a pas voulu entrer dans la pensée si vraie, si sagement philosophique de Montesquieu : *C'est la modération qui gouverne les hommes.* J'en cherche vainement le caractère dans le projet de loi qui vous est soûmis; j'y cherche, avec le regret amer de ne l'y point trouver, cette douceur, ce sentiment de paternité qui, selon moi, sont les traits distinctifs du gouvernement royal. Je n'y vois qu'une mesure acerbe, une injonction dure et cruelle faite aux rentiers de l'État de subir une réduction énorme sur leurs revenus, ou de se jeter dans les embarras d'un remboursement imprévu; et qu'on n'insiste plus sur le droit; rigoureux en lui-même, si vous en poussez l'application jusqu'aux dernières limites, il devient une injustice intolérable.

Une réduction modérée aurait éprouvé peu de contradiction. (J'en dirai bientôt la raison.)

Fixée à un demi pour cent, elle aurait atteint les rentiers, mais ne les aurait pas violemment froissés; et la justice, déjà alarmée par l'effet d'une proposition inattendue, n'aurait pas au moins à gémir sur l'étendue des sacrifices qu'un ministre royaliste veut imposer à une classe nombreuse des sujets du Roi; l'opinion publique, dont on devrait cependant tenir quelque compte, n'aurait pas refusé son assentiment, et il était bien désirable dans une telle circonstance; mais, je le répète, c'est l'excès de la réduction proposée, joint au mode d'exécution qui en est la conséquence nécessaire, qui ont tué le projet de loi dans l'opinion.

L'espoir d'atténuer les effets d'une résistance morale que l'on ne pouvait vaincre, a porté les défenseurs du projet à essayer d'un moyen que je ne saurais approuver. On a mis en présence deux intérêts très-distincts, et que l'on ne devait jamais se permettre de montrer comme opposés l'un à l'autre : la propriété foncière et la dette publique. Pour frapper plus sûrement la seconde, on a voulu se rendre favorable la première, et l'on n'a rien trouvé de mieux que de lui offrir en holocauste le cinquième du revenu des rentiers. *Est-ce que les propriétaires ne paient pas le cinquième de leur revenu ?* a dit M. de Villèle. Imprudent rapprochement dont il n'a pas senti la portée. La différence des mots indique ici très-fortement celle des choses. Le propriétaire possède sa terre, l'État la frappe d'un impôt pour subvenir à ses besoins, le propriétaire paie sa dette à l'État, et cela est juste; mais l'État a une dette aussi : il a promis de la payer; et si, pour complaire à la propriété foncière, il lui donne à entendre que, par voie de réduction, il va frapper un impôt sur la rente, il ne paie plus sa dette intégralement; et que fait-il donc alors! Convenons-en, lorsqu'une cause est mauvaise, elle se gâte encore par les moyens que l'on se croit obligé d'employer pour la défendre.

Dans un gouvernement bien réglé, tous les intérêts sont tenus pour respectables et sont respectés. Lorsque l'homme d'État juge convenable de toucher à ces intérêts, c'est toujours avec un grand ménagement qu'il opère; mais il laisse chacun d'eux à la place qu'il occupe dans l'économie générale, et se garde bien de les mettre en rivalité. Comme il propose une mesure parce qu'il la croit juste et utile, il ne cherche pas son succès dans le sentiment de jalousie qu'il parviendra à inspirer à l'une des classes de la société, envers une autre classe qu'il veut atteindre.

Ces réflexions pourront paraître sévères ; je prendrai la liberté de demander si elles ne sont pas fondées. J'ai dû faire justice d'un argument très-faux, et présenté d'ailleurs avec une telle maladresse, qu'il conduisait à la conclusion la moins honorable : mais vous vous êtes certainement aperçu qu'envisagé sous un autre point de vue, d'une manière positive, et soumis à l'épreuve des chiffres, il est également dénué de fondement, n'offre à la propriété foncière qu'un avantage exagéré à dessein, et rend plus sensible encore l'injustice exercée envers les possesseurs de rentes.

On estime que les 28,000,000 provenant de la réduction de la dette, appliqués en totalité au dégrèvement de la contribution foncière, donnent dix centimes par franc. Voilà le soulagement accordé au propriétaire. Quelle sera la position relative du rentier ? Admettons qu'il ait une inscription de 5ooo fr.; prenons un propriétaire imposé à 5ooo fr.; il obtient un dégrèvement d'un dixième : soit, 5oo fr. C'est le rentier qui en fait les frais, mais dans une proportion double ; on lui retranche un cinquième, on lui ôte 1ooo fr.; le dégrève-

ment que l'on accorde au premier est un accroissement à sa fortune (que l'on peut évaluer, sur son impôt, à un revenu brut de
30,000 fr.); la réduction que l'on fait subir au
second, est la perte d'une partie de la sienne ;
et remarquez, encore une fois, que le rentier,
en cette qualité, ne doit rien à l'État, c'est
l'État qui lui doit; il est porteur d'une créance ;
et si vous la réduisez, il faut bien trancher le
mot, vous lui faites banqueroute dans la proportion de la réduction.

Voilà, monsieur le comte, la justice du projet de loi, je la livre à la vôtre.

Un mot encore cependant. M. de Villèle, effrayé de la vivacité avec laquelle le reproche
d'injustice lui était adressé, a voulu le repousser ; il a appelé le chiffre à son secours, et ne
s'est pas aperçu que cette arme qu'il croit si
bien connaître, tournait contre lui. Nous of-
frons cent francs, a-t-il dit dans chacun de ses
discours, à qui nous en a donné soixante-dix.
Où est l'injustice? elle est indiquée précisément par la réflexion que vous vous croyez
obligé de faire pour légitimer votre proposition. Si vous êtes fondé à proposer un remboursement, pourquoi vous enquérir du taux
auquel ont acquis les rentiers? Qu'ils aient

acheté à 70, à 95, à 100 fr., peu importe;
vous remboursez parce que vous en avez le
droit; et ne voyez-vous pas qu'en insistant
avec tant d'affectation sur le bas prix auquel ont
pu acheter les rentiers, vous portez un coup
mortel au crédit public; vous faites comme
Buonaparte, qui revenait sur un marché lorsqu'il trouvait que le contractant avait fait un
trop gros bénéfice?

Mais est-il bien vrai que M. de Villèle traite
le rentier avec faveur en lui offrant aujour-
d'hui 100 fr. pour 70? On est revenu de cette
vieille erreur qui consistait à regarder l'argent
comme un signe, un moyen d'échange. C'est
une marchandise dont la valeur est relative et
varie prodigieusement. Le remboursement
actuellement offert au rentier peut lui être
onéreux; que dis-je, onéreux! Écoutons M. de
Villèle : « Les rentes à quatre pour cent, par-
« venues à leur apogée, et ne pouvant pas
« croître, parce qu'une hausse au-delà du pair
« porterait avec elle *le danger d'un rembourse-*
« *ment ruineux*, etc. (1). » Un remboursement
au pair peut donc être ruineux! et c'est M. de
Villèle lui-même qui prend soin de nous four-

---

(1) Exposé des motifs, à la Chambre des pairs,
page 10.

nir un nouvel argument en faveur de la justice
de son projet.

Les objections tirées de la moralité de la loi,
ou plutôt de son défaut de moralité, vous sont
connues ; elles sont peu nombreuses, mais puissantes ; la discussion les a mises au grand jour,
rien n'a pu en altérer la force ; elles ont con-
servé leur autorité ; les idées morales appar-
tiennent à la conscience, on ne saurait en
triompher.

Avant d'interroger la loi même, je vous demande la permission de jeter un regard sur
son titre ; personne que je sache ne s'en est occupé ; et qu'importe en effet le titre d'une loi ?
Il importe beaucoup, monsieur le comte, que
le bon sens n'y soit point blessé ; il l'est ici, et
bien sensiblement. Je ne veux point vous parler de l'offre du remboursement mise en avant
avec une affectation si marquée : ceci tient à
la loi, c'est le vice moral dont elle est enta-
chée ; je veux seulement expliquer ces mots : ;
réduction de *l'intérêt des rentes*. Qu'est-ce
que l'intérêt d'une rente ? Une rente est-elle
autre chose que l'intérêt d'un capital donné
en échange ? Non, sans doute ; mais c'est un
intérêt fixe. Si l'on avait écrit *réduction des
rentes*, on aurait été dans le vrai ; mais on

aurait avoué que l'on réduisait la rente, et c'est ce dont on ne veut pas convenir. A ce mot *rente*, nous attachons une idée de perpétuité (1) consacrée par la législation antérieure, et dont les inscriptions font foi, tandis que *l'intérêt* est par sa nature essentiellement variable. On ne pouvait écrire non plus réduction *de la dette;* le mot dette a un sens trop clair, trop absolu, et d'ailleurs il aurait fait souvenir d'une obligation contractée et solennellement reconnue. « La dette publique est garantie, » dit la Charte dans son article 70, probablement *réglementaire.* Il fallait bien cependant intituler la loi; et l'on a regardé comme un trait d'habileté de faire un *non sens,* ou, si vous aimez mieux, un *pléonasme;* l'on a écrit bravement *l'intérêt d'une rente,* c'est-à-dire l'intérêt d'un intérêt. Cela n'est point mal pour un simple titre; venons à la loi.

La question est plus sérieuse, et certes ce n'est pas moi qui voudrai la traiter légèrement.

Le défaut de moralité est inhérent au projet de loi tel qu'il a été conçu; il résulte de

____

(1) C'est ce que pensait aussi M. de Villèle en 1817; *voyez* son discours du 5 mars.

ses combinaisons; et si elles ne sont pas chan-
gées, il y restera attaché comme une lèpre hon-
teuse; la loi sera votée, sanctionnée, elle sera
mise à exécution, il faudra se taire, et l'on se
taira, mais le vice radical subsistera toujours.
Je veux le rendre sensible à tous; je m'exprime
ainsi : *On ment aux rentiers, on ment au public.* Il s'agit d'opérer une réduction d'un cinquième sur une dette de 140,000,000 de
francs. L'opération est immense, colossale,
elle est au dessus des forces financières de la
France; en Angleterre, où les ressources de
cette nature sont prodigieuses, on n'oserait y
songer : si l'opération se faisait d'une manière
simple, naturelle, honnête, elle serait impossible, le ministre en convient; il veut la faire
cependant; et comment? Il offre un remboursement qu'il ne lui serait pas donné d'effectuer,
je ne dis pas pour la totalité du capital rem-
boursable, mais seulement dans la proportion
du tiers, si ce tiers était demandé. — Il ne le
sera pas, dit le ministre · 'et voilà toute sa loi.
C'est donc une déception. Sur quoi se fonde-t-il?
Sur deux moyens dont je veux lui épargner la
qualification : violence morale faite à une partie
des rentiers; appât de l'agiotage offert à une
autre. Je ne dois point m'occuper de cette

dernière, au moins actuellement; elle est en dehors de la question de moralité; je plains peu d'ailleurs ceux qui accepteront un nouveau titre pour jouer dessus; M. de Villèle leur a prédit le sort qui les attend : ils l'auront bien mérité; mais les véritables rentiers, ceux-là qui vivent du revenu qu'ils ont placé sur l'État, voilà les gens qu'il faut plaindre; ils sont traités cruellement, ils seront *dépouillés*. J'emploie cette expression, c'est celle de la chose, et l'idée correspondante se présente si naturellement, que M. le ministre des finances, dans la chaleur de l'improvisation, n'a pu s'empêcher d'y faire une allusion bien singulière.

La classe destinée à la spoliation est nombreuse : des femmes, des mineurs, des vieillards, une foule d'hommes inaccoutumés aux affaires, qui les craignent et ne voudront point courir les chances d'un nouveau placement, tels sont les élémens dont elle se compose.

Il n'y a pas un homme de bon sens, s'il se respecte, qui veuille donner à entendre que ces rentiers *consentiront volontiers* à la réduction d'un cinquième. On peut bien arracher un tel sacrifice, mais on ne l'obtient pas d'une volonté libre; on subira la loi d'une dure nécessité; les rentiers, atteints par une mesure

violente à laquelle ils n'ont aucun moyen de
se soustraire, objets d'une coaction morale
exercée sur eux, se plaindront amèrement;
ils diront qu'ils sont indignement trompés,
qu'ils avaient placé leur confiance dans le gouvernement royal, qu'ils avaient cru à sa bonne
foi; ils accuseront ce gouvernement, dont
jusqu'à ce jour ils n'avaient connu que la douceur, la justice, et cette bienveillance toute
paternelle, attribut de notre auguste maison
de Bourbon. Mais que feront au ministre les
plaintes, les murmures des rentiers réduits?
Ils n'entraveront pas l'opération; c'est là l'essentiel; elle marchera dans la voie d'immoralité qui lui est frayée, et il se trouvera dans le
salon du ministre des hommes assez lâches
pour lui dire : Votre projet s'exécute; *il
réussit.*

*Il est peu moral, il est dangereux de men-
tir à la société;* on ment, je le répète, parce
qu'on offre ce que l'on ne veut pas et ce que
l'on ne peut pas donner; parce que des deux
conditions simultanées qu'exprime le projet de
loi, une seule est réelle, l'autre est illusoire;
parce qu'enfin un remboursement évidemment impraticable n'est qu'un prétexte pour
forcer la conversion, et que la loi proposée

n'est pas autre chose qu'une loi de réduction.

Que faudrait-il donc pour rentrer dans la moralité? Il suffirait d'entrer dans le vrai ; pour y arriver, il faudrait d'abord faire preuve de modération. J'ai parlé d'une réduction qui serait fixée à un demi pour cent; c'est, j'en conviens, faire la concession du droit ; mais quoi! il ne faut pas vouloir être plus honnête que les honnêtes gens ; il faut marcher avec son siècle ; il n'est pas sévère, et la facilité avec laquelle des hommes d'ailleurs très consciencieux abandonnent ici le principe, caractérise fortement l'époque. J'admets donc (il en coûte beaucoup à ma conviction) que le gouvernement puisse proposer une réduction de rentes ; modérée à demi pour cent, l'opinion publique ne la repousserait pas. Je n'ai pas besoin de faire remarquer qu'elle serait infiniment moins sensible aux rentiers ; on se rapprocherait davantage du taux auquel l'intérêt de l'argent en *placemens fixes* (1) est réellement descendu : on n'aurait pas à craindre qu'un grand nombre de porteurs d'inscriptions demandât son remboursement ; et au moyen

_____

(1) Il faut bien distinguer les placemens fixes de ceux instantanés ; j'expliquerai ceci dans un moment.

d'une négociation patente, on pourrait faire
des offres réelles. On éviterait par-là l'objection fondamentale, et qui ruine le projet de
loi. Vainement M. de Villèle se récrie contre
« une prétention injuste et onéreuse à l'État,
« celle de le conserver pour débiteur malgré
« lui, celle de continuer à lui prêter à 5 pour
« cent lorsqu'il *trouve à emprunter à qua-*
« *tre* (1). » Il suffit d'un mot pour arrêter le
ministre : prouvez donc que vous trouvez à
emprunter à quatre ; montrez des écus obte-
nus à ce prix ; tant que vous n'aurez pas satisfait à cette condition, on sera en droit de
vous dire : Vous voulez faire un coup d'État
en finance ; vous déclarez arbitrairement que
l'intérêt de l'argent est à quatre pour cent, pour
faire un gain illicite de 28 millions ; vous
n'empruntez pas à quatre, vous ne le pourriez
pas, vous en êtes convenu, et votre opération
projetée vient se résoudre en un problême
que l'on peut poser en ces termes : Trouver
le moyen de *forcer* la réduction d'un cinquième de la dette de l'État, sans être obligé
de prouver la possibilité de la rembourser par
un emprunt contracté au taux de la réduc-

_____

(1) Exposé des motifs à la Chambre des pairs.

tion. Voilà la moralité de votre projet de loi.

Vous n'attendez pas de moi, monsieur le comte, une discussion approfondie des objections particulières à *l'opération financière ;* ce n'est pas que je n'en connaisse suffisamment le fort et le faible ; mais vous le savez, il est en moi de n'attacher qu'une importance secondaire aux résultats matériels d'une loi, quel qu'en soit l'objet. Le rentier vit de ses rentes, l'Etat des impôts qu'il perçoit ; la société ne vit que d'exemples ; et une atteinte portée à la morale de la société me frappe davantage que la perte probable de quelques millions ; les conséquences m'en paraissent infiniment plus dangereuses.

Toutefois je vais avoir l'honneur de vous exposer brièvement les principales objections auxquelles a donné lieu l'opération financière proposée par M. de Villèle. Vous trouverez bon que je les inscrive d'avance ; en matière de chiffres, il est permis d'avoir recours à la logique du numéro d'ordre.

1° Avantages *immenses* (selon le ministre) pour l'agriculture, l'industrie, le commerce ;

2° Accroissement de près d'un milliard au capital de la dette, inconvéniens des trois pour cent ;

3º Moyens de remboursement, combinai-
naisons de l'opération, agiotage. .

Avantages immenses (selon le ministre)
pour l'agriculture, l'industrie, le commerce.

M. de Villèle a voulu rattacher à son projet de grandes vues d'ordre et d'économie politique ; il a donné à entendre qu'il avait pour
objet d'améliorer sensiblement la fortune publique. Il était de bonne foi, je n'en doute
pas ; mais il devrait être aujourd'hui bien revenu de son erreur ; elle lui a été démontrée ;
il n'a rien répondu, et la discussion générale,
dans la Chambre élective, avait fait si évidemment justice de ses assertions à cet égard,
que j'ai été extrêmement surpris de les voir
reproduites dans son exposé des motifs à la
Chambre des pairs, où siégent aussi des hommes qui sont loin d'ignorer les théories de l'é-
conomie politique, et leurs nombreuses applications.

Une masse de capitaux ne va pas refluer vers
l'agriculture, l'industrie, le commerce ; il faudrait pour cela qu'une masse de rentiers demandât son remboursement, et ce serait la ruine
de l'opération : le résultat diamétralement opposé se laisse déjà entrevoir ; les compagnies
financières et le ministre, par l'intermédiaire

de ses receveurs-généraux, attirent en ce moment à Paris l'argent des provinces, pour venir au secours de l'opération ; et le jeu qui en est la base aura besoin d'une grande partie de ces fonds pour l'alimenter. On dit, je le sais, que les banquiers font venir du dehors d'immenses trésors ; je réponds d'abord que ce qui vient du dehors est beaucoup moins considérable qu'on ne veut le faire croire ; en second lieu, que les capitaux étrangers sont donnés aux banquiers en *commission*, et que l'opération terminée, ils retourneront aux lieux d'où ils sont venus, accrus des bénéfices que leur assure le projet. Les capitalistes étrangers feront, en cette occasion, ce qu'ils font depuis dix ans ; ils pousseront à la hausse, réaliseront, se dégageront de la rente, et la laisseront aux nationaux. Je désire qu'ils le fassent le plus tôt possible, car je n'aime pas cette espèce *d'occupation* financière.

M. de Villèle attribue encore à son projet l'avantage de faire baisser le taux de l'intérêt de l'argent ; il se fonde sur un argument particulier, et qu'il n'a pu produire à la tribune, parce qu'il renferme implicitement l'aveu du forcement de la réduction ; il le garde pour ses amis ; le voici : « Le gouvernement est *le grand emprunteur;* c'est lui qui détermine le taux de l'intérêt; ici il donne l'exemple; en déclarant qu'il ne veut plus payer que quatre pour cent au lieu de cinq, il fait descendre à quatre le prix de l'argent sur la place; il est le régulateur. » Je présente avec loyauté l'argument de M. de Villèle, et ce n'est pas ma faute s'il est essentiellement défectueux.

Le gouvernement ne détermine pas le taux de l'intérêt sur la place; il le fixe judiciairement pour les transactions légales entre particuliers; et si la limite qu'il a posée est au-dessous du prix réel de l'argent, on élude la disposition législative par des moyens que messieurs les notaires connaissent parfaitement bien.

Le gouvernement, par une sage administration, peut bien améliorer le cours, mais il ne saurait le faire; lorsqu'il se présente sur la place pour emprunter, il est obligé de le consulter et de s'y soumettre; il ne fait jamais la loi, et quelquefois il la subit; il lève de l'argent à prix débattu. Cependant, M: de Villèle veut aujourd'hui fixer le taux de l'intérêt; il déclare qu'il est à 4, et crée des valeurs à 4. L'ardeur de l'agiotage, la puissance des banquiers pourront les maintenir quelque temps

à ce taux, et même les faire descendre au-
dessous ; mais si ce cours est forcé, il ne sera
que momentané, et il s'élevera, au grand péril des joueurs, au taux réel ; car, on le sait,
il en est de l'argent comme de l'eau, il prend
toujours son niveau.

L'opération projetée ne fera donc pas baisser par elle-même l'intérêt de l'argent ; il
descendait naturellement par l'élévation des
5 pour cent, et il n'était pas besoin du ministre des finances pour arriver à ce résultat.
Mais à cet état de choses étaient attachés des
avantages que le ministre n'a pas voulu apercevoir ; les 5 pour cent ayant atteint le pair,
les rentiers proprement dits sortaient de la
rente ; elle passait aux capitalistes, et c'est sa
véritable destination. Entre leurs mains elle
perdait moralement, si je puis m'exprimer
ainsi, ce caractère de perpétuité qu'y attache-
ront toujours les anciens rentiers ; elle n'était
plus pour eux qu'un placement à *intérêts*, et
c'est alors que l'on aurait pu convenablement
proposer une réduction (mais modérée). Ce
déclassement nécessaire se serait effectué gra-
duellement, sans secousses, sans aucun danger pour le crédit public, intéressé au contraire à ce que la rente soit possédée par les

gens à argent, parce qu'ils sont en mesure de
la soutenir dans les momens de crise. C'est
précisément ce déclassement que M. de Villèle a craint, et qu'il a voulu prévenir; il aurait rendu impossible une réduction exagérée :
il n'y a pas moyen de faire violence aux capitalistes; si l'argent est à 4 et demi, et qu'on
leur dise l'argent est à 4, ils répondent : Cela
n'est pas vrai, et ils prennent leur remboursement; ils n'en sont point embarrassés. Le
ministre n'a point voulu avoir affaire à des
gens aussi habiles que lui; il a donné la préférence aux rentiers; il sait qu'il aura bon
marché d'eux; ils sont à sa discrétion.

Je reviens aux intérêts de l'agriculture, de
l'industrie, du commerce. Le public et la
Chambre des députés n'ont pas pris un moment le change; on a répondu avec toute raison à M. de Villèle : Ce ne sont point les capitaux qui manquent à l'agriculture : l'abon-
dance des produits en est la preuve; la plupart
des propriétaires ont dans leurs greniers la
récolte de trois années; la production est plus
que suffisante; ce sont les moyens de consommation qui laissent beaucoup à désirer; et
certes ce n'est pas une diminution de 28 millions dans le revenu qui sera propre à les

étendre. Créez enfin un système de canalisa-
tion qui nivelle le prix des denrées; augmen-
tez la consommation par l'accroissement du
travail ; ouvrez des débouchés aux produits de
notre industrie. Donnez l'exemple du bon
sens ; faites cesser cet absurde système de
prohibitions, qui met un intervalle immense
entre des peuples dont les frontières se tou-
chent, et nuit dans une égale proportion aux
gouvernemens qui ont la faiblesse de s'en
faire une application réciproque; établissez
avec l'étranger des relations qui vous pro-
curent honneur et profit, mais de l'honneur
avant tout ; cherchez vos alliés parmi vos
amis naturels, et non pas parmi vos rivaux
obligés ; rentrez dans la voie que vous avait
ouverte un illustre duc (1) ; placez-vous à la tête
de la civilisation européenne, et non pas à la
suite d'un cabinet trop jaloux de ses intérêts
pour ne pas exiger que vous lui fassiez le sacrifice des nôtres. Lorsque vous aurez satisfait
à ces conditions premières, vous pourrez
songer à chercher des capitaux devenus nécessaires. Mais dire aujourd'hui à l'industrie,
au commerce : Voilà de l'argent, *ce qui n'est*

---

(1) Est-il besoin de nommer M. le duc de Montmo-
rency?

pas même vrai, c'est dire à un ouvrier : Voilà un outil ; vous n'avez point la matière première ; cherchez-la ; je ne sais pas vous la procurer.

Accroissement de près d'un milliard au capital de la dette, inconvéniens des 3 pour cent.

M. de Villèle se présente devant vous triomphant de cette objection capitale ; il vous assure l'avoir réduite à sa juste valeur. Je n'aime pas, monsieur le comte, à voir envisager le gouvernement représentatif sous le point de vue d'une lutte engagée entre deux partis, avec la permission donnée à chacun de se prévaloir, pour la défense de son opinion, d'un succès dont il n'a pas la conviction. Il est impossible qu'elle soit acquise ici à M. de Villèle ; l'objection est restée dans toute sa force, parce qu'elle est fondée sur une vérité de chiffres incontestable. Mais la question est difficile ; peu de personnes l'ont bien posée, et l'on espère, à tort sans doute, que des pairs de France ne voudront pas prendre la peine de l'éclaircir.

Je ne la discuterai pas ; je n'apprendrais rien à ceux qui l'ont comprise, et rien non plus à ceux qui ne veulent pas ou ne peuvent pas la comprendre ; je me bornerai à la réduire à ses plus simples termes.

Le capital de notre dette
entière, au pair de 5 pour
cent, est de. . . . . 2,800,000,000 fr.

Le capital de notre dette
réduite (1), au pair de
3 pour cent, est, en nom-
bres ronds, de. 3,700,000,000

Différence en plus. . . .   900,000,000 fr.

Les chiffres n'ont pas besoin de commen-
taires; mis sous les yeux, ils parlent au bon
sens.

Cet accroissement au capital de la dette est
insignifiant, répond le ministre, il est fictif;
le gouvernement ne rembourse jamais par lui-
même le capital, et la Caisse d'amortissement
n'opère que sur des rentes qu'elle achète *au
cours*; j'ai souligné le mot *cours :* tout l'arti-
fice est là.

Pour masquer le notable dommage que son
projet fait éprouver à la fortune publique, un
ministre en possession d'une réputation financière est obligé de méconnaître les notions les
plus élémentaires en matière de finance, de
s'écarter violemment d'un principe générale-

---

(1) 112 millions.

ment adopté, fondé sur la raison et l'économie politique, qui n'est pas autre chose
que l'économie même appliquée à l'État ; il
veut qu'un gouvernement bien réglé soit tenu
de racheter sa dette à un prix plus élevé
que le capital nominal pour lequel elle a été
constituée. Les 3 pour cent au pair porte-
raient nos 5 pour cent à plus de 166 fr., et la
Caisse d'amortissement opérant pour le compte
de l'État, devrait acheter à ce prix une rente
de 5 fr:, que l'État a constituée au capital
de 100 fr., soit qu'il les ait reçus, soit qu'il
ait consenti à ce qu'il fût réputé les avoir reçus. Ne vaudrait-il pas à peu près autant jeter
l'argent des contribuables par la fenêtre ?

Lorsque la Caisse d'amortissement, par le
concours de son action, a élevé la rente au
pair de son capital nominal, elle a rempli sa
destination comme moyen de crédit ; si la
rente monte au-dessus du pair, elle l'abandonne à son essor ; si elle vient à descendre
au-dessous, elle la reprend. Tel est le jeu de
cette machine.

• La Caisse d'amortissement achète donc des
rentes au *cours*, mais jusqu'à concurrence du
pair. Le pair est déterminé par les deux
termes, du capital convenu et du titre de l'em-

prunt. Le capital convenu restant le même, plus le titre de l'emprunt est élevé, moins il est onéreux, et réciproquement. De là, dans les deux cas dont il s'agit ici, la différence des masses à soulever, la différence des sacrifices imposés à l'État.

Dans l'une et l'autre hypothèse, le capital convenu est 100 fr. ; mais dans la première, la Caisse d'amortissement acquiert pour cette somme 5 fr. de rente, et dans la seconde, 5 fr. ; et comme elle ne peut se dispenser d'acheter des rentes jusqu'à concurrence du pair, sans cesser de remplir le but principal de son institution, qui est de soutenir le crédit public, et *que le rachat d'une rente au pair n'est autre chose que le paiement du capital qu'elle représente,* il en résulte que la Caisse, opérant sur 140 millions de rente 5 pour cent, ne demanderait à l'État que 2,800,000,000 , tandis qu'en opérant sur 112 millions de rente 5 pour cent, elle pourra entraîner l'Etat dans une dépense de 5,700,000,000 ; différence, 900,000,000. Cela vaut-il la peine d'y penser ?

Prenez la question par un autre côté. M. de Villèle paie une rente de 4 fr. ; il reçoit 100 fr., et donne quittance de 133 fr. 33 c. ; faites un emprunt au pair de 4 pour cent, vous don-

nerez 4 fr. de rente, vous recevrez aussi
100 fr.; mais le capital rachetable des 112 millions de la dette réduite, sera exactement le
même que celui de la dette intégrale 5 pour
cent : vous retrouvez les 2,800,000,000. Et
cependant, M. de Villèle dit qu'il emprunte
à 4 pour cent !

Mais les 3 pour cent monteront-ils au pair ?
Le ministre a deux réponses pour cette question ; si on la lui fait dans l'intérêt des contribuables, il répond : Non, car l'accroissement au capital de la dette *n'est qu'une fiction;* si elle lui est adressée relativement aux
rentiers, il dit qu'ils doivent prendre la rente,
parce qu'elle leur assure *un bénéfice de* 33 *pour
cent.* Etrange position d'un ministre qui veut
prouver que son opération est en même temps
avantageuse à l'Etat et aux rentiers; lorsqu'il
est évident que par l'effet des combinaisons
qu'il a appelées à son secours pour forcer la
réduction, il a trouvé le moyen de faire une
opération à la fois ruineuse pour les rentiers
et onéreuse à l'Etat.

Les inconvéniens attachés à la création des
3 pour cent sont frappans : M. de Mosbourg
en a donné la démonstration la plus lumi-
neuse; il a posé des chiffres auxquels il n'y

avait rien à répondre. Je prends la liberté de
vous engager à les consulter. M. de Villèle a
été fort embarrassé lorsqu'il a voulu exposer les
motifs qui lui faisaient préférer des 3 pour cent ;
il n'en pouvait pas donner la raison véritable ; elle est digne d'attention : c'est un hommage involontaire rendu à la bonne foi violée.
Les possesseurs de rentes ont été surpris ; il a
fallu leur donner des garanties contre une surprise nouvelle ; on ne trompe pas les hommes
sans être amené à leur en faire l'aveu. Nous
paierons cher un jour peut être cette atteinte
portée à la confiance publique. Le crédit d'un
gouvernement est fondé moins encore sur la
possibilité qu'on lui suppose de faire face à ses
engagemens, que sur l'idée que l'on a de sa
fidélité à les remplir. On consulte les antécédens ; on a égard à leur moralité ; les prêteurs
tiennent compte de tout ; tant pour l'argent,
tant pour la fidélité devenue suspecte ; c'est
une prime d'assurance pour les risques que
peut faire courir de nouveau une *habileté* financière qui n'avait pas été prévue, et dont
les combinaisons peuvent varier à l'infini. Si
des circonstances fâcheuses venaient à se présenter, si l'on était obligé de recourir à l'emprunt, il faudrait le négocier au titre des

3 pour cent; et c'est alors, comme le fait judicieusement observer M. de Mosbourg, que l'on sentirait vivement combien sont onéreux les emprunts contractés à un titre bas. Admettons qu'on trouvât des fonds à 6 pour cent, ce qui, dans un moment de crise, serait assurément fort heureux; pour 3 fr. de rente on recevrait 50 fr., et l'on se constituerait débiteur de 100 fr., tandis qu'au même taux, un emprunt dans les 5 pour cent donnerait pour 5 fr. de rente 83 fr. 30 c., et n'entraînerait qu'un sacrifice de 16 fr. 70 c.

Ainsi 5 fr. de rente, empruntés au taux d'intérêt de 6 pour cent, donnent au titre de 3 pour cent, 83 fr. 30 c.; empruntés au titre de 5 pour cent, ils donnent la même somme; mais dans le premier cas, vous vous constituez débiteur d'une somme de 166 fr. 66 c. (au pair des 3 pour cent), c'est-à-dire double de celle que vous avez reçue; et dans le second, vous devez 100 fr. (pair des 5 pour cent), c'est-à-dire 16 fr. 70 c. de plus que l'on ne vous a donné.

Axiome financier : *Deux rentes égales, contractées au même taux d'intérêt, inscrites à deux titres différens, l'un bas, l'autre élevé, donnent la même somme à l'emprunteur, mais le constituent débiteur, au titre bas , d'une différence exprimée par celle des deux titres ;* différence que la Caisse d'amortissement est chargée de solder en tout ou en partie, parce que, moyen de crédit, il faut qu'elle achète la rente jusqu'à concurrence du pair nominal (1), mais jamais au-delà, à moins qu'on en veuille faire un moyen de gaspillage pour la fortune de l'État.

Vous me pardonnerez ces détails arides, monsieur le comte; il y a des vérités qu'il faut tourner dans tous les sens pour les faire entrer dans toutes les têtes.

Vous me demanderez peut-être si, dans un moment de besoin, le gouvernement, pour éviter de s'obérer par un emprunt contracté au titre le plus bas, ne pourrait pas revenir aux 5 pour cent ; j'aurai l'honneur de vous répondre qu'il le pourrait très-bien , à la condition suivante : Insérer au contrat d'emprunt, *par une disposition législative,* que le gouvernement renonce expressément au droit de proposer jamais le remboursement ou une réduction de sa nouvelle dette 5 pour cent. Telle est la conséquence à laquelle conduit le pro-

_____

(1) Accru des intérêts échus , et sans inconvénient , dans la proportion d'un semestre entier.

jet de loi sur *le remboursement ou la réduction des intérêts des rentes 5 pour cent.*

On a signalé dans la Chambre élective un autre inconvénient attaché aux 3 pour cent : c'est de rendre impossible toute réduction ultérieure de la dette. M. de Villèle, pour enlever d'un seul coup une diminution d'un pour cent sur l'intérêt, nous prive d'une autre diminution de même importance, parce qu'il est obligé de convertir la dette en 3 pour cent. J'en ai donné la raison. Cependant de telles réductions sont fort désirables, lorsqu'elles sont reconnues licites et qu'elles sont licitement faites : on les aurait obtenues successivement par demi pour cent, sans secousses, en consultant *le taux réel de l'intérêt de l'argent,* et sans compromettre l'existence des particuliers, parce que, je le répète, la force des choses faisait passer l'inscription des mains des *rentiers* dans celles des *capitalistes.* C'est ce que M. de La Bourdonnaye a dit au ministre : une réduction de 56 millions est deux fois préférable à une réduction de 28 millions; mais M. de La Bourdonnaye est un ennemi de M. de Villèle, aussi bien que les cent quarante-cinq députés qui ont trouvé sa loi mauvaise, et ces hommes-là n'ont pas raison lors-

qu'ils disent au ministre qu'il vaut mieux obtenir une réduction de deux pour cent par des
moyens doux et honnêtes, que de ravir un pour
cent par des moyens violens, bien peu dignes
d'un puissant gouvernement.

*Combinaisons de l'opération, moyens de
remboursement, agiotage.*

L'opération financière proprement dite a
aussi sa question de justice et de moralité. Quel
est le véritable taux de l'intérêt de l'argent sur
la place? Obligé de répondre à cette question
bien essentielle, puisque sa solution explique
la loi et donne la clef du projet, M. de Villèle est tombé dans d'étranges contradictions,
conséquence inévitable de la position la plus
fausse où jamais ministre se soit trouvé. Vous
voulez, a-t-il dit, que j'opère le remboursement par un emprunt à 4 pour cent : cela est
impossible. Si j'ouvrais en ce moment (1) un
emprunt à ce taux, je ne trouverais pas 50 millions. La réponse ne s'est pas fait attendre.
Vous ne pourriez pas trouver de l'argent à
4 pour cent, l'intérêt n'est donc pas descendu
à ce taux! Que dites-vous donc aux rentiers ?

(1) Et songez au moment! lorsque notre crédit public
est arrivé à son apogée, et que notre situation politique (*en apparence*) ne laisse rien à désirer.

Vous spéculez sur l'embarras où vous les met-
tez; vous ne rembourserez pas, vous rédui-
rez..... Et le mot de banqueroute a traversé
sans opposition une Chambre qui certes n'est
pas hostile envers M. de Villèle. Ce ministre
a senti que les choses ne pouvaient en rester
là; il connaît la Chambre (et doit bien la connaître); il sait que l'essentiel est de répondre,
juste ou faux, peu importe; le grand point est
de ne pas rester court.

M. de Villèle a donc répliqué qu'à la vérité il
ne pourrait pas trouver de l'argent à 4 pour cent;
mais que cependant l'argent était à ce taux sur
la place; et il a voulu le prouver, en disant que
les bons du Trésor se négociaient facilement à
quatre, et même au-dessous. Ceci est très-vrai,
et c'est le moment de vous indiquer la différence qu'il faut toujours faire, si l'on veut être
vrai, entre les placemens *fixes* et ceux *instantanés*. Je vais être clair. Un particulier a
vendu une maison; il a réalisé une opération
pour en commencer plus tard une autre; il
a reçu un remboursement...., il a de l'argent enfin; il peut le jeter à la Banque ou le
garder dans son secrétaire, en attendant qu'il
aille à sa destination; éclairé sur son intérêt, il
agit autrement; il prend un papier qui court

sur la place et s'échange à volonté contre des
écus ; il reçoit un faible intérêt, mais ce qu'il
reçoit est autant de gagné, parce que ses fonds
restaient oisifs jusqu'à ce que le moment fût
venu de les employer. Lorsque ce moment arrive, il remet son papier à un agent de change,
qui lui rend sur-le-champ ses écus avec un escompte calculé jusqu'au jour même de la conversion. En un mot, les bons du Trésor représentent ce qu'on appelle sa *dette flottante ;*
et par une similitude parfaitement exacte,
l'argent placé dans ces bons représente ce que
l'on peut appeler la *masse flottante,* et sans
destination immédiate du numéraire des particuliers. On peut en dire autant du papier des
premières maisons de banque ; il a le même
emploi, parce qu'il s'escompte à un taux très-
bas, en raison du grand crédit dont jouissent
ces maisons ; elles sont en très-petit nombre,
et ne doivent pas faire règle.

C'est donc ailleurs qu'il faut chercher les
moyens de constater le taux réel de l'intérêt de
l'argent ; il en est deux qui ne peuvent tromper : le taux de l'escompte pour le papier du
moyen ordre, et celui des placemens sur im-
meubles par hypothèques.

L'escompte du papier du moyen ordre (1

compose la plus grande masse de celui en cir-
culation) se fait couramment , *depuis quelque
temps*, à 5 pour cent ; il est descendu , et naturellement, sans qu'il fût besoin que M. le
ministre des finances le fît descendre : faculté
qui , au surplus , n'est pas donnée à un ministre. Il en est de même des placemens sur im-
meubles. Il y a un an, l'on obtenait facilement
6 pour cent ; et avant que l'on eût connaissance du projet de M. de Villèle , on ne trouvait plus à placer avec sûreté chez les notaires ,
au-dessus de cinq. C'est encore le taux actuel ;
il descendra aussi bien que celui de l'escompte ;
mais , je le répète , le gouvernement n'y peut
rien , au moins par l'intervention de la loi ; et
malgré le projet de loi où il est déclaré que
l'argent est à 4 pour cent , il se maintient visi-
blement au-dessus de quatre sur la place , pour
tous les placemens fixes , d'où je conclus que
l'argent n'est pas à quatre.

Aussi M. de Villèle *n'emprunte-t-il pas à
quatre*. Il reçoit bien 75. fr pour 3 fr. de rente
3 pour cent , ce qui constitue un intérêt de
quatre ; mais il ajoute d'abord une *commission*
considérable, par l'abandon qu'il fait aux compagnies du montant de la réduction pendant
quinze mois , et *c'est la là moindre chose :*

cette marge de 75 à 100 qu'il leur donne à remplir, la compterez-vous pour rien ? Les ban-
. quiers contractans gagneront, en tout ou en
partie, ces 25 pour cent que leur offre le ministre sous le titre modeste de *bonification* (1),
et s'ils les gagnent, eux ou les spéculateurs,
il faudra bien que quelqu'un les paie ; ce
quelqu'un sera le public, par l'intermédiaire
d'une Caisse d'amortissement qui achetera et
devra acheter (j'en reviens toujours là) à 85,
90, 100 fr., ce que le public aura donné à
75 fr., par l'intermédiaire de M. de Villèle.

Le ministre n'emprunte pas à quatre ; je dis
maintenant qu'il n'emprunte pas, en ce sens
que l'emprunt n'est pour lui qu'une opération
accessoire à laquelle il n'attache qu'une importance minime, et c'est ce que la discussion
dans la Chambre des députés a rendu clair
pour tous ceux qui ne veulent pas fermer les
yeux.

Vous avez été frappé du singulier aspect
qu'a présenté cette discussion. Les hommes les
plus marquans de cette Chambre, les notabilités politiques et financières les moins con-
testables, ont attaqué le projet de loi, qui,

_____

(1) Discours de M. de Villèle, séance du 24 avril.

soit dit en passant, n'a été défendu que
par le ministre (1); on en a bien fait voir le
vice moral, l'inutilité en ce qui touche à la
prospérité publique; mais la question financière n'a pas fait un seul pas dans la discussion générale; elle n'en pouvait point faire,
puisque, par un renversement de toutes les
convenances, de toutes les idées reçues, elle
a été laissée en dehors de la loi (2); de telle
manière que le projet n'est vraiment que la
faculté donnée à un ministre de faire ce qu'il
voudra, et comme il le voudra. Mais tout a
changé de face, lorsque l'on est arrivé à une
discussion de détail, au moyen d'amendemens

_____

(1) Je ne parle pas de M. le rapporteur; on sait qu'il
lui a fait plus de tort qu'aucun de ses adversaires.

(2) On songerait à profiter de cette position, s'il
fallait ajouter foi à des bruits semés sans doute par la
malveillance, et qu'un journal n'aurait pas dû accueillir
aussi légèrement (*le Constitutionnel*). *On amenderait
le projet sur parole, et sans le concours des deux
Chambres*..... On a nécessairement mal compris; une
telle proposition serait déjà une insulte à la Chambre
des pairs, que l'on supposerait composée de *simples*
ou de *complaisans*......; et je me reproche de reproduire ici, quoiqu'en déclarant ne pas y croire un moment, un ON DIT qui est bien tout ce que l'on pouvait
imaginer à la fois de plus absurde et de plus illégal.

qui se sont présentés en foule, parce que le besoin s'en faisait vivement sentir.

C'est alors que du haut de la tribune il est tombé du jour sur la question ; on a voulu savoir quelque chose des moyens de remboursement ; on a demandé des explications au ministre, et il a bien fallu qu'il en donnât ; il a long-temps hésité, a d'abord fait des demi-aveux ; enfin il a prononcé un mot que l'on peut regarder comme un aveu entier : un chiffre est sorti de sa bouche ; il a annoncé 370 millions. De ce moment, le mystère de l'opération a été dévoilé ; M. de Villèle a 370 millions pour faire face à un remboursement de 2,800,000,000 fr. Il n'a pas plus que cela, soyez-en bien certain ; et les compagnies, en lui livrant cette somme, auront rempli tous les engagemens qu'elles ont pris envers lui. Une partie de la Chambre s'est récriée ; on a demandé au ministre ce qu'il ferait s'il était demandé des remboursemens pour une somme plus considérable que celle dont il s'était assuré. Un député a posé un chiffre effrayant, 1,200,000,000 fr. M. de Villèle ne s'est pas effrayé le moins du monde ; il était dans une de ces positions où l'on ne peut pas reculer ; il a admis le chiffre de M. C. P. Il a dit que l'on

paierait 1,200,000,000 fr. si on les demandait,
mais remarquez bien, et ici je rends justice
sa bonne foi, qu'il n'a pas dit qu'il avait à sa
disposition un excédent aux 370 millions contractés par les banquiers ; que ceux-ci étaient tenus à lui livrer davantage si besoin était ; il a
seulement répondu : L'on paiera, sans dire avec
quoi, ni où était l'argent destiné à payer. Est-ce
imprévoyance de la part de M. de Villèle ? Non ;
mais en ne se refusant pas à une hypothèse de
1,200,000,000 fr. remboursables, il a fait une
pure concession ; il est persuadé que la somme
dont il s'est assuré lui suffit. Nous sommes trop
disposés en général à nous exagérer les choses ;
la puissance des banquiers est de nos jours
fort étendue ; mais elle a ses limites ; l'on ne
parviendra jamais à persuader à un homme
raisonnable et tant soit peu versé sur ces matières, que leurs efforts réunis puissent parvenir à soulever une masse de 1,200,000,000 fr.,
et le ministre le sait mieux que personne.

Pour comprendre le projet, monsieur le
comte, il ne faut pas en perdre de vue les combinaisons ; il ne faut pas se méprendre sur le
but que se propose d'atteindre M. de Villèle.
Il ne veut pas rembourser la dette, ni seulement en rembourser la moitié, le quart ; il veut

la réduire ; et toute la question consiste ici à savoir s'il y parviendra, et comment il y parviendra.

Mon opinion personnelle est qu'il y parviendra ; je sais que ce n'est pas celle de beaucoup de personnes plus en état que moi sans doute d'embrasser d'un coup-d'œil toutes les chances, de calculer toutes les probabilités attachées à l'exécution du projet, si (ce qu'à Dieu ne plaise !) vous veniez à l'adopter. Moi, je crois à ce que M. de Villèle appelle *le succès* de l'opération (quel succès, juste ciel ! et à quel prix on l'obtiendrait !). L'opération repose sur deux bases épouvantables, mais qui la porteront ; la première, c'est la coaction morale exercée sur les rentiers, espèce de violence dont il est plus facile de se rendre compte qu'il ne l'est de l'expliquer, et dont les effets me paraissent assurés. Les rentiers s'effraieront ; l'argent que le ministre a à sa disposition, évidemment insuffisant pour opérer un remboursement réel, suffira pour les *tenir en respect ;* c'est un épouvantail ; il remplira sa destination ; les rentiers craindront la concurrence pour de nouveaux placemens ; isolés, attaqués un à un, ils succomberont presque tous sous les efforts d'une compagnie armée d'un capital, et d'un ministre qui la soutiendra. Il y a une ironie cruelle à dire aux rentiers : Si vous ne trouvez pas que 4 fr. soient un intérêt assez fort, prenez les 100 fr. de capital, et cherchez mieux. Voulez-vous que des hommes changent tout à coup leurs habitudes ? pensez-vous que le bourgeois va se faire cultivateur, qu'un employé va ouvrir un magasin, qu'un domestique retiré va se jeter dans les affaires (qu'il s'en garde bien, le malheureux !) ? Et les femmes, les mineurs, les vieillards qui remontent à la *réduction* des deux tiers, qu'en ferez-vous, et que voulez-vous qu'ils fassent de leur capital ? C'est un revenu qu'il leur faut, et ils croyaient se l'être assuré. Non, monsieur le comte, le piége est bien dressé de ce côté ; les véritables rentiers y seront pris, leur sacrifice est consommé d'avance ; il n'auront pas d'*humeur,* ils se laisseront réduire : on peut compter sur leur docilité, et l'on y compte bien.

Il a fallu aussi s'occuper des spéculateurs ; ils n'ont pas été oubliés ; plus dangereux que les rentiers, on a dû les traiter différemment ; l'agiotage leur est offert en perspective (faveur dangereuse, et qui pourra leur coûter cher).

C'est le second point d'appui donné à l'opération.

M. de Villèle a fini par se sentir blessé de ce reproche qui lui venait de tous côtés, d'avoir fait un appel à l'agiotage. Il a voulu s'y soustraire; mais je dois lui faire remarquer qu'il a éludé l'objection, et ne l'a point résolue (marche qu'il a adoptée et suivie constamment dans le cours de la discussion). « L'a- « giotage est inhérent à notre position finan- « cière; c'est un vice attaché aux développe- « mens du crédit public. Voulez-vous tuer le « crédit public pour détruire l'agiotage? non, « sans doute. De quoi donc vous plaignez- « vous? » Voici ce dont nous nous plaignons : L'agiotage était dans la Bourse, vous l'introduisez dans la loi; vous appelez les trois grands pouvoirs de l'Etat à le consacrer; vous érigez en principe, et pour vous en servir, ce qui jusqu'à ce jour avait été regardé comme un fléau qu'il fallait combattre; vous légitimez un vice; en le prenant pour auxiliaire, vous le dépouillez en quelque sorte de son caractère d'immoralité; vous lui donnez enfin une existence légale. Lorsqu'il se présentait devant les tribunaux, les magistrats en faisaient une prompte et sévère justice. De quel droit le juge viendrait-il désormais flétrir le vice qui aurait trouvé place dans la législation ? comment un tribunal se croirait-il permis de faire à un homme de rang des observations assez dures, et de les insérer dans un considérant (1), lorsque l'agioteur le plus éhonté pourra venir devant lui, votre loi à la main, et demander à être traité comme un homme exerçant une profession reconnue par la loi ?

Vous faites de l'agiotage un moyen d'exécution : voilà votre tort ; il est très-grand, et toute personne honnête est en droit de s'en plaindre.

Sans l'agiotage, le succès de l'opération serait gravement compromis ; il importe même que les voies lui soient frayées d'avance. On n'a pas fait attention à quelques paroles jetées assez négligemment par le ministre, dans son discours du 24 avril : « Au surplus, nous « chercherons à leur donner (aux rentiers) « la mesure de la valeur réelle des 3 pour « cent, en émettant, *avant les délais donnés* « *pour l'option,* des effets nouveaux pour la « partie des 5 pour cent *que les compagnies*

(1) Affaire de M. de F. J.

« *chargées du remboursement,* ou les ren-
« tiers eux-mêmes, présenteront à la conver-
« sion. » On n'a pas compris le but de cette
annonce ; on n'a pas vu que le ministre voulait préparer le public et les Chambres (qui
seront encore en session) à l'emploi d'un
moyen indispensable peut-être pour assurer
l'exécution du projet. J'avais prévu qu'on aurait recours à quelque chose de semblable, et
qu'on entamerait par-là l'opération ; c'est un
ballon d'essai, le véhicule nécessaire, et ce
que les gens du métier appellent *le coup de
fouet.* Il sera donné par les compagnies, le
ministre à leur tête, et vigoureusement, je
vous le promets. Les *effets nouveaux* monte-
ront rapidement ; ils donneront un cours fictif ; les spéculateurs, et malheureusement
peut-être aussi de vrais rentiers, seront sé-
duits. Le moment de l'option arrivé, ils se
jeteront dans les 3 pour cent, qui leur offri-
ront un bénéfice qu'ils croiront assuré. Ils
voudront bientôt réaliser ; une masse énorme
de rentes sera tout à coup mise en vente. Les
gens qui seront demeurés étrangers à l'opération pour attendre (autre classe de spéculateurs), se garderont bien d'entrer en ce moment dans la rente. Les gens sages, et qui

d'ailleurs savent calculer, ne voudront pas d'un placement qui leur donnerait peut-être 5 et demi pour cent de leur argent. La peur se mettra dans le parti à la hausse ; celui à la baisse (car il s'en formera un, si déjà il n'est pas formé) poussera vivement de ce côté ; il y aura une crise, et il est impossible d'en calculer les résulats ; les fortunes que l'on croit les plus solides seront ébranlées ; une foule d'individus y perdront la leur. Mais l'opération aura réussi ; elle sera consommée.

Oui, je crois au succès de l'opération, mais je tiens pour certain qu'une crise est inévitable, non pas comme moyen d'exécution, mais comme effet, comme suite de l'exécution. Les compagnies doivent la faire entrer dans leurs calculs, assurées qu'elles sont de s'en mettre à l'abri ; bien mieux, d'en profiter. Je n'admets pas qu'elles voulussent la faire naître ; mais elles ne peuvent pas se dispenser de la prévoir. Une table de jeu immense sera dressée dans la Bourse ; les banquiers y prendront place et les spéculateurs aussi ; mais les premiers joueront à coup sûr. Lorsqu'ils verront du *trop plein* dans la rente, que la hausse a atteint sa limite, qu'eux seuls connaîtront, parce qu'ils l'auront posée eux-mêmes, (Ils ne

peuvent pas agir autrement sans s'exposer.)
ils se retireront avec des bénéfices immenses,
déjà réalisés en partie par la vente des *effets
nouveaux*, et laisseront nos spéculateurs aux
prises. Une lutte s'engagera ; et pour me servir d'une expression que M. de Villèle applique, contre toute évidence, à notre situation présente, la situation qu'il aura créée,
sans le vouloir sans doute, amènera une *catastrophe.*

Telle est l'opération projetée dans ses
moyens et dans ses effets; telle au moins je la
vois, et vous me rendez assez justice pour
être persuadé que je désire sincèrement que
l'évènement m'apprenne que je m'étais trompé.

Cependant M. de Villèle s'est révolté lorsqu'on lui a fait observer qu'il se mettait dans
la dépendance des compagnies, et nécessairement le public avec lui. « Je ne suis dans la
dépendance de personne, a-t-il répondu avec
une vivacité qui ne lui est pas ordinaire, et je
n'ai d'autres engagemens que ceux qui résulte-
ront de l'adoption du projet de loi. » Répondre ainsi, n'est-ce pas jouer sur les mots ou
ignorer les choses? et qu'importe que M. de
Villèle ne soit pas dans la dépendance des individus, s'il est dans la dépendance des af-

faires ? Qu'il soit enchaîné à une compagnie
financière ou bien à l'opération même, où est
la différence ? Et si je voulais envisager la question sous un autre aspect, la prendre par son
côté politique, où serais-je conduit ? Vous le
sentez, monsieur le comte, la question touche à notre situation relativement à nos intérêts extérieurs : quelle foule de réflexions fait
ici naître en moi une *opération de finance!*
Je n'en présenterai qu'une seule : les royalistes
reçoivent une leçon dont ils devraient bien
profiter; ils ont fait une faute immense en ap-
pelant à la tête des affaires un *financier.*
Un ministre dirigeant arrive avec son caractère, ses talens, les vues qui lui sont propres;
il cherche à se faire valoir par les choses qu'il
sait ou qu'il croit savoir; s'il n'est que financier, il ne songe qu'aux finances, et ferme les
yeux sur tout le reste : c'est ce que fait M. de
Villèle, et peut-être regarde-t-il comme un
avantage de plus dans son projet, celui de pouvoir, sous prétexte d'en assurer l'exécution,
fermer les yeux sur l'Europe, et dans quel
moment! Qu'on le sache donc, c'est un homme
d'État que réclame la France, et non pas un
homme de bourse, qui voudra mettre le gouvernement dans la Bourse, parce que lui sera

là dans son élément. A un grand peuple, il faut un ministre pénétré d'idées grandes et fortes, et non pas un ministre imprégné de rentes, qui, dans la première monarchie du monde, ne voit que des rentes, et encore les voit-il mal ; car il les considère comme une matière sur laquelle il peut opérer à volonté, et ne s'aperçoit pas qu'en touchant à *sa rente* il touche aux hommes, avec les périls divers attachés au maniement des hommes.

On demande de tous côtés pourquoi M. de Villèle a fait ce projet de loi ; je réponds que c'est parce qu'il n'a pas su faire autre chose ; il a fait des fautes, au contraire, et de bien grandes, dont on ressentira peut-être trop tôt les effets. Il est impossible qu'il ne s'en soit pas aperçu ; il a voulu prendre une revanche ; il s'est renfermé dans le cercle de ses connaissances ; il a conçu ce projet, qu'il a cru grand, et qui n'est que monstrueux.

On demande pourquoi M. de Villèle, honnête homme, ministre royaliste, averti par la voix publique et par des amis qui ne peuvent lui être suspects, ne renonce pas à un projet dont le vice et les dangers, sans aucune utilité réelle, doivent lui être démontrés. Je réponds qu'il ne le peut pas ; il est lié par ses

antécédens; il n'a pas de faute à avouer, parce
que son ministère est une suite de fautes; et
quelle faute d'ailleurs voulez-vous qu'il avoue?
Une faute en finances? Écoutez ceci : J'expo-
sais vivement, à un membre de la Chambre
élective, les vices du projet de loi; il les re-
connaissait, pour la plus grande partie du
moins, et disputait faiblement sur le reste.
Cependant, lui dis-je, vous voterez la loi.
Voilà sa réponse, je n'y change pas un mot :
« M. de Villèle est notre homme; nous l'avons
« appelé au pouvoir, nous devons l'y soute-
« nir; *il s'est trompé* sur beaucoup d'affaires;
« il est encore en possession d'une réputation
« financière; si nous rejetons sa loi, que lui
« restera-t-il ? »

Je puis vous assurer, monsieur le comte,
que ce député est un parfait honnête homme;
vous ne le refuseriez pas pour votre ami.

Ce n'est pas assurément par de pareils motifs que la loi serait votée dans votre noble assemblée. Toutefois, si, contre toute apparence,
vous l'adoptez sans modifications, quels en
seront les résultats?

L'on arrivera à une économie de 28 millions, avantage apparent pour l'État, mais qui
se réduit à rien, en raison de l'accroissement

de près d'un milliard au capital de la dette, fait qui doit rester désormais hors de contestation. On n'obtiendra pas une diminution réelle du taux de l'intérêt de l'argent; il descendait de lui-même, et serait descendu encore par la force des choses et le mouvement naturellement progressif, du crédit public dans les temps de prospérité. On n'obtiendra pour l'agriculture, l'industrie, le commerce, aucun des *avantages immenses* que le ministre promet. Je crois l'avoir suffisamment démontré, ou plutôt je crois avoir assez bien exposé les preuves qu'en ont données les adversaires du projet.

Tels sont les résultats négatifs; mais on aura de plus porté une sensible atteinte à la confiance des sujets dans le gouvernement royal; on aura blessé la morale publique, parce que l'on aura appris aux particuliers qu'ils peuvent presser jusqu'à l'excès les conséquences d'une loi, pour y prendre ce qui s'y trouve, et même ce qui ne s'y trouve pas; on aura (pour l'avenir au moins) altéré le crédit, parce qu'on aura faussé le principe sur lequel il repose; et l'on aura rendu les emprunts plus onéreux lors d'un besoin pressant, par la nécessité de contracter à un titre très-bas; on aura enfin donné un mau-

vais exemple; on laissera derrière soi le souvenir d'une mauvaise action. Mais au moins
est-ce là tout, monsieur le comte ? Non; vous
le savez mieux que moi, et j'aime à vous dire
qu'à cet égard votre réflexion a peut-être de-
vancé la mienne. *La loi est souverainement
impolitique, impopulaire.*

. Sous ces rapports, la question a été aban-
donnée par le ministre. Vous voyez sur-le-
champ que je veux parler des émigrés; mais
ne croyez pas que je veuille me plaindre du
désaveu; il est des torts d'une telle nature
qu'ils commandent le silence. Je félicite, au
contraire, M. de Villèle d'avoir rendu, bien
que tardivement, un hommage mérité à la
noble cause de l'émigration; il a compris, ou
on lui a fait comprendre, que les royalistes
seraient indignés de voir les émigrés, envi-
ronnés d'estime, exposés à devenir tout à coup
les objets de l'animadversion publique, par
l'effet d'une mesure qui blessait toutes convenances et toute justice; que les émigrés eux-
mêmes, fiers de leur pauvreté, ne voudraient
pas voir fermer la plaie glorieuse que leur a
faite la révolution, par une nouvelle plaie
faite à une classe de Français digne aussi d'intérêt, et qui d'ailleurs ne doit rien aux émi-

grés. L'indemnité est en effet la dette de l'État ;
c'est à lui à l'acquitter, et il l'acquittera ; j'en
trouve la garantie dans le cœur du monarque :
elle me suffirait ; je la trouve encore dans le
cri de la conscience publique. On ne saurait
le faire trop tôt ; car les royalistes (et c'est aujourd'hui la France entière) n'adoptent pas
l'affreuse pensée du *Journal de Paris* ; ils ne
veulent pas, et certes, le Roi ne veut pas non
plus, que la question de l'indemnité *soit une*
question de temps , et que la mort soit char-
gée de la résoudre ; mais il importait avant
tout que l'indemnité fût déclarée distincte de
la réduction ; l'honneur le voulait ainsi ; *le fa-*
natisme a encore exigé ce sacrifice à l'hon-
neur, et il a été fait.   :

Les motifs qui ont porté les royalistes à la
demander, et amené un ministre à y consentir ; par une conséquence que vous trouverez,
je crois, fort juste, doivent rendre bien désit-
rable le rejet de la loi proposée. Buonaparté
(cette fois bien inspiré) refusa d'adopter une
loi dont les avantages lui étaient démontrés,
mais qui aurait été impopulaire, et il eut parfaitement raison. Une des plus grandes fautes que
puisse faire un gouvernement, c'est d'attaquer
la société dans ses intérêts positifs ; et quel

temps choisirait-on pour commettre une pareille faute? Celui o *la morale des intérêts* prévaut partout sur celle *des devoirs* (1); celui où les affections, les sentimens sont en quelque sorte à prix d'argent. Ne tentons pas une épreuve toujours imprudente; ne faisons pas non plus une chose bien peu généreuse; l'attachement des Français à leurs princes ne saurait plus être mis en doute; est-ce une raison pour en abuser? Faut-il, parce que le trône est ombragé par nos drapeaux victorieux, et que tous les cœurs sont au pied du trône, exiger des sacrifices auxquels on n'aurait pas voulu songer, il y a bien peu de temps encore, et lorsque l'on en avait besoin? Les honnêtes gens de tous les partis, monsieur le comte, repousseront la loi par des motifs communs; mais les royalistes éclairés en ont qui leur sont particuliers; ils la rejettent parce qu'elle est contraire aux intérêts de la *maison;* ils sentent que faisant des malheureux, elle doit faire des mécontens; et sans croire à un danger réel, ils veulent que l'on fasse ce que commande la politique d'accord avec la justice; ils pensent que les ef-

---

(1) M. de Chateaubriand, *le Conservateur.*

forts des ministres du Roi doivent tendre constamment à fortifier encore, s'il est possible,
ces sentimens d'amour qui unissent si visible-
ment aujourd'hui les sujets au trône, et non
pas à les affaiblir.

Je suis loin de vous exposer, à cet égard,
toute ma pensée; il est des choses qui ne sont
pas du domaine de la presse. J'ai même hésité
long-temps à traiter cette question, où tant
de gens n'ont vu et ne voient encore que de la
rente; vous savez quels motifs me retenaient;
vous en approuviez le principe, mais vous en
blâmiez l'application. Il en est de l'écrivain
royaliste comme du député, me disiez-vous; il
a une mission à remplir; aucune considération
ne doit l'en détourner. Je sentais que vous
aviez raison; et cependant, je vous le dirai
franchement, je n'aurais pas publié cet écrit si
les motifs mêmes qui si long temps m'ont fait
garder le silence ne m'avaient pas déterminé
à le rompre.

Je me suis exprimé avec quelque vivacité, je ne me la reproche pas, et je suis persuadé que les véritables royalistes ne voudront
pas me la reprocher; il faut que l'opposition
soit consciencieuse et fondée sur une conviction profonde; lorsque cette conviction est ac-

quise, il faut, et surtout actuellement, s'exprimer avec *une partie au moins* de l'énergie que l'on sent en soi. Il est trop facile de s'apercevoir que la société est dominée par un triste sentiment d'indifférence : c'est le cachet de l'époque ; chacun *laisse aller.* Les douceurs de la vie privée, une certaine mollesse dont le physique et le moral sont également affectés, et il faut bien le dire aussi, le chagrin de voir que tous les efforts sont inutiles, sont autant de causes qui concourent à faire naître ce sentiment, et à l'étendre avec une effrayante rapidité ; il pénètre partout. J'honore trop votre noble compagnie pour croire jamais qu'il puisse pénétrer dans son sein ; et vous, noble comte, vous le repoussez avec une vivacité que j'ai souvent admirée. Vous prenez les choses à cœur, et c'est ainsi qu'il faut les prendre lorsqu'elles sont sérieuses. Cette déplorable question a troublé votre repos ; vous avez été frappé d'un ensemble de circonstances tel, que je ne pense pas qu'on en puisse citer un autre exemple ; Paris a été inondé d'écrits, et pas un n'est favorable à l'opération ; les journaux libéraux ont été unanimes ; ce serait pour nous une autorité peut-être douteuse (bien qu'il soit juste de faire observer que ce n'est pas ici une ques-

tion de parti); mais *le seul journal royaliste*
qui soit encore libre, s'est prononcé contre le
projet, et l'a combattu avec un talent qui n'a été
égalé que par le courage dont ont dû s'armer
des royalistes dévoués pour su monter les cha-
grins qu'un ministre royaliste leur faisait éprouver. Ainsi, lorsque vous avez voulu vous rendre
compte du résultat exprimé par les journaux,
vous avez trouvé celui-ci : Les royalistes ache-
tés ont soutenu le projet; le royaliste vainement marchandé l'a repoussé; les libéraux in-
dépendans, et cette fois sans intention repro-
chable, en ont fait également justice; enfin,
le niais doctrinaire est resté dans son milieu
d'égoïsme, parce que, dans une affaire où tout
le monde a vu les intérêts généraux de la société, il n'a vu, lui, que l'intérêt particulier
d'un ministre qu'il *honore* de sa faveur, at-
tendu qu'il le tient pour acquis, et veut le
donner pour nouveau chef à l'obscure coterie
dont il est l'organe. Vous avez remarqué dans
le public une disposition générale à repousser
le projet, et il m'est permis de le dire, parce
que l'opinion s'est manifestée avec une énergie qui prenait sa source dans un sentiment
honnête, et que les bornes du devoir n'ont pas
été dépassées. Ce ne sont pas *seulement les*

rentiers qui ont élevé leurs voix ; c'est la voix de tout le monde qui s'est élevée, parce qu'il y a dans le projet une *vigueur* d'injustice qui devait être sensible à tout le monde.

La discussion dans la Chambre élective a dû plus particulièrement fixer votre attention ; les convenances ne permettraient pas de consigner dans cet écrit tous les faits, ou du moins toutes les réflexions auxquelles a pu donner lieu cette discussion ; vous avez vu que le projet avait obtenu plus de boules, mais il n'a pu vous échapper qu'il avait obtenu sensiblement moins de raisons ; vous avez retrouvé du côté opposé les talens avoués, connus déjà, et des talens nouveaux se sont fait connaître (1) ; enfin, dans une Chambre où il n'y a pas d'opposition systématique ; dans une Chambre où l'on voit un monopole (prétexte si commode à l'opposition) refusé seulement par vingt députés (dont quinze de la gauche), où toutes les autres lois ont été votées depuis à la

_____

(1) Le discours de M. Saulot-Baguenault a été surtout remarqué, et il était bien fait pour l'être ; il a jeté le plus grand jour sur la question financière ; a offert l'expression des sentimens les plus nobles, et celle d'un vœu généreux, auquel ont applaudi tous les hommes dont le cœur est bien placé.

presque unanimité, une minorité de cent
quarante-cinq membres s'est présentée ; je
ne vous indique qu'un chiffre ; il vous appartient plus qu'à moi de décider si, dans
une assemblée délibérante, les suffrages,
pour arriver à un résultat politique, doivent
être pesés plutôt que comptés.

Je n'ai point voulu rappeler à votre souvenir la division d'un amendement (dont la
non division, au commencement de la discussion, aurait rendu toute autre discussion inutile et sans objet) *refusée* par un
ministre avec une tenacité que ses amis
mêmes n'ont pas approuvée ; et plus tard,
par compensation sans doute, la question
préalable *demandée* par ce ministre sur une
masse d'amendemens ; je conviens que tout
cela est peu digne de vous occuper.

C'est dans cet état de choses, noble pair,
que la loi vous est apportée. J'ai peine à me
rendre compte des élémens divers, insaisis-
sables, à l'aide desquels se forme l'opinion
publique ; mais je ne puis m'empêcher d'admirer ici la justesse de ses prévisions. La
loi était à peine connue que déjà l'on disait
dans le public : Elle passera dans la Chambre
des députés à une *grande* majorité ; elle

éprouvera de très - graves difficultés à la
Chambre des pairs, et sera probablement
amendée. D'où viennent ces deux jugemens
différens, noble comte? Le premier s'est
déjà réalisé, mais en partie seulement : la
loi n'a été votée qu'à une majorité que personne, je crois, ne trouvera *grande,* et la
minorité a dû être remarquée, non seulement parce qu'elle était considérable, mais
surtout, je le répète sans avoir le dessein de
blesser personne, parce qu'elle renfermait
la très-grande partie des notabilités politiques et la totalité des notabilités financières.

Le second jugement du public sera-t-il
confirmé par votre illustre assemblée? ver-
ra-t-il se réaliser l'espoir que dès l'origine
il a fondé sur elle.....? Mon respect pour
l'assemblée elle-même ne me permet pas
d'insister; je ne dois pas chercher à obtenir,
et moins encore à donner ici une réponse
qui d'ailleurs m'est bien connue; et je n'a-
joute plus qu'un mot : cher comte, il m'est
permis, car c'est à vous seul qu'il est adressé.

C'est une loi de fer que l'on vous présente; si vous ne croyez pas pouvoir en
obtenir le rejet, veuillez demander au moins
qu'elle soit adoucie.

APPENDICE.

AVANT de rechercher, monsieur le comte, quels seraient les effets du nouveau projet de M. de Villèle, si, contre toute probabilité, il venait à être adopté, il me semble qu'il est assez convenable de remonter aux causes qui ont déterminé ce ministre à le reproduire. Il n'échappe à personne que les deux projets de loi sur l'indemnité, et la conversion des rentes, achèvent de perdre M. de Villèle, et qu'il ne se relevera pas des coups qu'il vient lui-même de se porter. Mais on cherche à se rendre compte de cette espèce de fatalité qui semble pousser un ministre à rendre chaque jour sa chute plus inévitable, en la montrant plus nécessaire. On peut bien penser que M. de Villèle n'était pas le maître de ne point présenter un projet de loi sur l'indemnité due aux émigrés : ce projet était dans la volonté du Roi, disons mieux, dans sa conscience ; il n'y avait pas moyen de se soustraire à cette imposante autorité. Lorsqu'on songe que le ministre, dans l'espace de plus de trois ans, n'a pas trouvé un moment pour s'expliquer sur un projet dont son prédécesseur, M. le duc de Richelieu, avait rassemblé tous les élémens, avec l'intention de le présenter à la session qui suivit immédiatement sa retraite, il est permis de croire qu'il subit encore aujourd'hui une nécessité qui lui est imposée, bien plus qu'il ne se détermine par les sentimens et les hautes considérations politiques qui dominent cette grande question.

Mais l'on se demande de toutes parts, s'il y a aussi une nécessité qui oblige un ministre à se compromettre de nouveau, en représentant sous des formes qui ne tromperont point ceux qui voudront porter sur le fond un regard attentif, ce malheureux projet de réduction des rentes, projet déjà flétri par l'opinion publique, et repoussé par votre noble assemblée, après une discussion qui restera comme un modèle de raison, d'éloquence parlementaire, et aussi comme un exemple précieux de cette indépendance si nécessaire à un corps politique, s'il veut être respecté, et se maintenir à la condition d'un pouvoir.

Cependant, monsieur le comte, bien qu'il soit démontré, avec une évidence qui n'est

actuellement contestée par personne, que
M. de Villèle n'est pas'un homme d'État, il
ne faut pas croire pour cela qu'il soit inepte,
ni même dépourvu de cette espèce d'habileté
qui peut se concilier avec un défaut d'élévation dans le cœur et dans les idées. Il a du
moins cet instinct de sa propre conservation
qui n'abandonne jamais les hommes : il n'a
pu se faire illusion sur les dangers auxquels
il s'exposait en reproduisant son fatal projet, surtout dans une session qui doit décider de son existence politique, et à laquelle
il arrive si péniblement, sous le poids de tant
de souvenirs accablans, poursuivi, si je puis
m'exprimer ainsi, jusqu'au sein de la majorité qu'il s'est formée, par cette improbation
unanime, universelle, qui, depuis l'abolition
de la censure, ne lui a pas laissé un instant
de repos.

Il est temps de le dire, non pour la justi-
fication du ministre, mais pour jeter du jour
sur une question où se trouvent engagés le
crédit de l'État, la fortune et le repos d'une
foule de familles, l'ordre et la morale publique ; M. de Villèle subit encore ici une influence étrangère ; c'est celle de quelques
puissantes maisons de banque dans la dé-

pendance desquelles il s'est placé, et dont il n'a pu, ou n'a pas voulu secouer le joug. Ceci tient à un état de choses qui n'est point un mystère pour ceux qui se livrent habituellement à des opérations de finances ; mais il convient de le rendre clair pour tout le monde.

Vers la fin de l'année 1823, M. le ministre des finances négocia les 23,000,000 de rentes qu'une loi antérieure avait mis à sa disposition. Sous le rapport des formes, l'opération ne laissa rien à désirer ; M. de Villèle suivit de bons erremens, il entra dans cette voie sage de concurrence et de publicité, que lui avait ouverte son habile prédécesseur. Malheureusement il ne sut pas s'y maintenir. *Au moment même de l'adjudication de l'emprunt,* des propositions ayant pour objet une réduction des rentes, lui furent faites par quelques banquiers trop exercés sur ces matières pour ne pas démêler du premier coup-d'œil tout ce qu'il y aurait à gagner pour eux dans une telle affaire. Probablement le ministre ne le vit pas, car dès ce moment des engagemens furent pris par lui ; et il en résulta le projet de loi soumis l'année dernière à la discussion des Chambres, et

rejeté par la vôtre. *Une forte portion* des
23 millions de rentes fut dès lors tenue en
réserve pour faire face aux besoins de l'opération concertée, et assurer les bénéfices
des contractans. Si l'on me demande comment les banquiers ont pu réaliser dans les
caisses de l'État l'emprunt souscrit par eux,
tout en gardant *une forte portion* des rentes,
je répondrai que les grandes opérations de
finances se réalisent presque toujours par de
grands moyens de crédit ; et que des premières maisons de l'Europe, en possession
d'une excellente valeur, pouvaient facilement,
avec cette garantie, trouver chez leurs commettans tout l'argent qui leur était nécessaire,
surtout en les intéressant dans une opération
qui promettait des bénéfices énormes.

Aussitôt que le projet a été connu, la
rente s'est déclassée, les compagnies, pour
maintenir le cours, ont dû acheter à tout
prix le *comptant* qui affluait sur la place. De
là cette hausse factice qui porta jusqu'à 106 f.
une rente de 5 fr., que le ministre proposait
de réduire à 4. Les compagnies se trouvèrent
ainsi chargées d'une masse de rentes considérable. La loi rejetée, le cours de la rente
fléchit au même instant, et descendit au

dessous du pair. La position des compagnies devint critique ; elles ne pouvaient se défaire de leurs rentes sans s'exposer à subir une perte énorme, capable d'ébranler leur fortune, et très-certainement de compromettre leur crédit. Elles gardèrent leurs rentes (la plus grande partie, du moins), en se bornant *provisoirement* à les placer à terme, et à gagner ainsi le prix du *report* par des négociations renouvelées tous les mois, opérations assez délicates et qui ne peuvent être bien comprises que par les personnes qui s'y livrent journellement, ou par celles qui, sans y prendre part, ont voulu cependant en étudier le mécanisme.

Enfin, comme d'un côté nous voyons le ministre présenter de nouveau son projet, que de l'autre nous savons, à n'en pas douter, que les compagnies financières avec lesquelles il a traité l'année dernière ont encore entre les mains les masses de rentes qu'elles avaient conservées ou acquises pour entrer avec avantage dans l'opération, il est permis de croire que le ministre, après le rejet de la loi, a pris de nouveaux engagemens, et s'est fait fort de reproduire le projet sous une autre forme.

Il serait fort difficile d'apprécier ici avec
une suffisante exactitude les torts du ministre, et d'en préciser la nature; à Dieu ne
plaise que je veuille suspecter sa droiture,
son intégrité! si je le croyais coupable sur
ce point, aucune considération ne pourrait
m'empêcher de le dire; mais je ne le crois
pas, et je me fais un devoir de le déclarer.
Toutefois, il est trop visible que M. de Villèle n'a pu que s'écarter sensiblement do la
ligne de ses devoirs. S'il s'est fait autoriser à
présenter la loi, en déclarant que le gouvernement du roi était *consciencieusement* engagé
envers les compagnies, son tort est grand.
M. de Villèle ne peut ignorer que, dans
notre forme de gouvernement, l'Etat, en
matière d'argent, n'est jamais engagé que
par le concours des pouvoirs législatifs, et
qu'il n'est pas permis à un ministre de faire
à des banquiers étrangers, ou même nationaux, l'abandon d'une partie de la fortune
publique, si les Chambres, appelées à prendre soin de la fortune publique, et le roi,
suffisamment éclairé par la discussion des
Chambres, ne veulent pas y consentir.

L'on se tromperait cependant, si l'on
croyait que les compagnies fussent sérieu-

sement compromises; lors même que cette
circonstance existerait, elle ne justifierait
pas le ministre; mais je dis qu'elle n'existe
pas. Si l'on calcule le *cours moyen* auquel
les compagnies ont pu acquérir les rentes
qu'elles possèdent encore; en tenant compte
de celles qu'elles tiennent de l'emprunt de
1823 et de celles qu'elles ont achetées à différens prix; en tenant compte aussi des pertes
qu'elles ont dû éprouver par la baisse des
fonds après le rejet de la loi, on trouvera
que ce *cours moyen* leur ressort encore à un
prix inférieur à celui du pair. Aussi n'est-ce
pas une perte que les compagnies ont à
couvrir, mais un bénéfice, et un bénéfice
prodigieux dont elles ont depuis long-temps
la séduisante expectative; qu'elles tiennent
beaucoup à réaliser, et qu'elles ont raison
de ne pas vouloir abandonner, puisqu'un
ministre puissant veut bien leur conserver
l'espoir de l'obtenir d'une manière ou d'autre.

Or, avec le projet actuel, comme avec
celui de l'année dernière, ce bénéfice ne peut
leur manquer. Il ne s'agirait plus pour elles
que d'en fixer elles-mêmes les limites, c'est-
à-dire d'examiner à quelle hauteur elles pourraient, sans s'exposer, élever momentané-

ment les trois pour cent, et les y maintenir jusqu'à ce qu'elles aient écoulé la masse de leurs rentes converties; car c'est à ce résultat que se réduit pour elles tout le projet financier dont elles ont suggéré l'idée à M. de Villèle.

Les bénéfices qu'une opération de cette nature doit procurer à quelques banquiers sont tellement excessifs, que peu de personnes se rendent compte des sommes auxquelles ils peuvent s'élever, et des moyens à employer pour les obtenir. Voici à cet égard des données bien simples :

On évalue à 30 millions la masse de rentes possédées en ce moment par les banquiers associés l'année dernière, mais presque exclusivement par les deux maisons étrangères agissant pour leur compte et celui de leurs nombreux commettans (1). Je ne crois pas

---

(1) Il ne faut pas comprendre dans cette évaluation les rentes possédées par les *étrangers* proprement dits. M. de Villèle, dans son discours du 24 avril dernier, estime à 25 millions la quotité de ces rentes. Or, elles seront mises sur le champ à la disposition des banquiers, pour être présentées par eux à la conversion ; non pas que ces étrangers veuillent laisser leurs capitaux dans les trois pour cent, mais parce qu'ils voudront et pourront, de concert avec les ban-

cette évaluation exagérée ; elle est admise par des personnes qui doivent bien savoir à quoi s'en tenir, et je suis persuadé que je ne m'aventure pas beaucoup en l'adoptant. Les banquiers apporteront ces 3o millions de rentes 5 pour cent à la conversion, et recevront en échange des inscriptions en 3 pour cent, pour une somme de 24 millions de rentes. Cette réduction est pour eux une chose tout à fait indifférente ; ce ne sont pas des rentes qu'ils veulent, mais un capital, et le plus fort possible : 3o millions de rentes, 5 pour cent, leur représentent un capital de 6oo millions ; 24 millions, en 3 pour cent, un capital de 8oo millions : différence, 2oo millions. Il ne faut pas croire cependant qu'ils chercheront à gagner ces

quiers déjà dépositaires de la presque totalité de leurs inscriptions, obtenir le bénéfice certain que promet aux banquiers et à leurs *amis* l'opération projetée. Ce but rempli, ils sortiront des 3 pour cent en même temps que les banquiers, et les abandonneront aux nationaux, qui en feront ce qu'ils pourront.

Cependant, M. de Villèle aime son projet, parce que, dit-il, il nous conserve l'argent des étrangers, tandis qu'au contraire l'opération pousse inévitablement les étrangers à réaliser leurs capitaux, et à les emporter, après avoir gagné, en moins de trois mois, deux ou trois annuités.

2co millions, en conservant leurs rentes jusqu'à ce que les 3 pour cent aient atteint le
pair. Ils se borneront à enlever immédiatement une forte part de cette *bonification*
dont il plaît à M. de Villèle de faire, au nom
de l'État, le généreux sacrifice. Voici leur
calcul : une hausse de 3 f. sur les 3 pour cent
à 75 donne en bénéfice un capital égal au
montant de la rente négociée ; 24 millions
de rentes, vendues au cours de 78 fr., pro-
cureraient donc aux banquiers un bénéfice
de 24 millions; au cours de 81 fr., 48 millions.
Je présume qu'ils voudront s'arrêter à cette
limite ; il y aurait du danger pour eux à chercher à la dépasser, et tous leurs efforts ten-
dront à écouler la totalité de leurs rentes à
ce *cours moyen* de 81 fr. Ils l'obtiendront assez facilement ; ils sont maîtres de la place,
et conserveront cette position si dangereuse
pour nous, jusqu'à la chute de M. de Villèle,
mais pas plus loin.

Au surplus, leur prévoyance est telle,
qu'à tout évènement ils ont déjà pris leurs
mesures. L'éventualité des 3 pour cent est en
ce moment cotée à Londres un peu au-dessus de 78 fr. Or, je prendrai la liberté de
demander à M. de Villèle s'il serait possible

à toutes autres personnes qu'à ces chefs de
maisons, de donner sur la place de Londres
une valeur quelconque à des 3 pour cent qui
n'existent pas ; mais ces spéculateurs habiles,
en provoquant une opération de cette nature pour en profiter, ne s'en dissimulent
pas le danger ; ils savent bien que des trois
pour cent au dessus de 75 fr. (et même à ce
taux) n'expriment en France qu'un cours
fictif, et qui ne saurait se maintenir, au moins
actuellement. Ils cherchent donc à l'avance
à créer ce cours fictif, afin de pouvoir
se débarrasser plus promptement de ces
3 pour cent si dangereux à conserver, et de
les jeter sur le corps des nationaux ; ceux-ci
les prendraient, parce que, lorsqu'une puissante impulsion est une fois donnée à l'agiotage, il ne connaît pas de bornes, et ne
s'arrête que pour tomber devant une catastrophe. Il se trouverait toujours des gens
disposés à acheter des 3 pour cent, à quelque prix que ce fût, dans l'espoir de les
revendre plus cher bientôt après ; car, encore une fois, ce n'est pas de la rente que
chercherait le plus grand nombre de ceux
qui consentiraient à entrer dans les 3 pour
cent, ni même un accroissement de capi-

tal à obtenir par le développement naturel
et progressif du crédit public, mais seulement une différence à gagner d'un mois à
l'autre.

Cet état de choses se maintiendrait jusqu'à ce qu'enfin la peur venant à surprendre
cette troupe avide, les 3 pour cent tombe-
raient avec une rapidité proportionnée à la
fureur du jeu, qui les aurait momentanément
élevés. Les suites d'une telle réaction seraient incalculables, mais les banquiers auraient fait leur affaire, c'est tout ce qu'ils
demandent à M. de Villèle. Mais M. de Villèle devait-il accéder à leur demande?

Pour moi, j'ai dû insister sur ces considérations, en quelque sorte préliminaires.
Le ministre, par l'organe de ses journaux,
cherche déjà à se prévaloir de l'absence des
compagnies. Cette absence n'est qu'apparente, et sous ce rapport il n'y a aucune
différence entre le dernier projet et celui-ci,
si ce n'est que l'année dernière les banquiers
occupaient le devant de la scène, et qu'aujourd'hui ils se tiennent derrière. Ils entrent
dans le nouveau projet comme cause et
comme effet; ils y entrent comme cause,
parce qu'il est évident, pour tous ceux qui

savent voir clair dans les affaires, que c'est
spécialement pour dégager une parole qu'il
n'avait pas le droit de donner, que M. de
Villèle reproduit son projet. Ils y entrent
comme effet, parce que M. de Villèle a besoin de l'argent et du crédit des banquiers,
et que le puissant intérêt qu'ils ont à faire
monter promptement les 3 pour cent, assu-
rera une hausse au moins momentanée, qui
pourra déterminer à se jeter dans ce nouveau fonds, un plus grand nombre de rentiers malheureusement trop étrangers aux
périlleuses combinaisons d'un agiotage qu'il
plaît à M. le ministre des finances de décorer
du nom de *crédit public*.

Je viens au projet de loi.

Au moment où celui de l'année dernière a
été rejeté par votre noble assemblée, si quelqu'un avait dit que M. de Villèle en pré-
senterait un autre à la session prochaine,
pire que le premier, et dont les effets seraient beaucoup plus dangereux, on aurait
refusé de croire à cette prédiction, et tout
le monde l'aurait jugé dictée par une pré-
vention violente contre le ministre.

Cependant la prédiction se trouverait aujourd'hui réalisée ; il n'appartenait sans doute

6

qu'à M. de Villèle de se surpasser en une
telle occasion ; il y est parvenu. Le nouveau
projet a tous les vices du premier, mais en
outre il en possède qui lui sont particuliers. Il
ne faut pas se récrier contre mon assertion ;
il faut seulement me demander de la motiver.

C'est aussi ce que je veux faire ; mais aupa-
ravant, monsieur le comte, je vous demande
la permission de vous soumettre une réflexion
dont vous saurez bien apprécier la convenance. Quelques personnes ont cru d'abord
que le nouveau projet était réellement une
amélioration du premier ; elles sont promptement revenues de leur erreur ; mais je dois
convenir qu'elle était assez naturelle. Certes,
c'est une chose très-fâcheuse qu'une loi visi-
blement mauvaise ; mais il y a quelque chose
de plus fâcheux encore ; c'est une mauvaise loi,
conçue et présentée de manière à causer un
moment d'illusion. Le tort d'un ministre , en
pareil cas, ne serait pas d'avoir voulu tromper le public. Une tentative aussi insensée
ne mériterait pas même que l'on s'en plaignît.
On ne trompe pas le public ; il y a toujours
chez lui cent yeux ouverts qui ne laissent
rien passer. Le tort irait donc beaucoup
plus haut, et serait par conséquent beaucoup

plus grave. Les princes ont besoin de trouver
des serviteurs en qui ils puissent placer leur
confiance ; un ministre en devient nécessairement le dépositaire. S'il en abuse, il est
bien coupable, s'il déguise la vérité au prince,
quel homme osera porter la main sur le voile
dont il l'a couverte? Quant au prince, il ne le
peut pas ; sa mission est plus élevée ; il ne
voit que les masses ; il considère les affaires
de son royaume dans leur ensemble. *Il faut
que chacun fasse son métier,* a dit le grand
Frédéric, et ce n'est pas le métier d'un roi
d'aller s'enfoncer dans les obscurités d'un
projet de finances, de s'attacher à y démêler
des vices que les financiers de profession ont
bien de la peine à apercevoir. En de pareilles matières, le prince le plus éclairé
sera toujours obligé d'accorder à son ministre cette confiance presque illimitée que
commandent en quelque sorte les positions
respectives du prince et du ministre. Mais
l'assentiment du prince n'est jamais que con-
ditionnel ; il est toujours sous-entendu que
le ministre ne se sera point trompé, à plus
forte raison qu'il n'aura pas voulu tromper.
Enfin, dans notre forme de gouvernement,
l'adhésion du monarque n'est autre chose

que la permission donnée à un ministre de présenter au public et aux Chambres, à ses risques et périls, et sous sa propre responsabilité, les mesures qu'il a cru bonnes, et que le roi doit prendre pour telles jusqu'à ce que le contraire ait été démontré.

Vous le sentez, noble comte ; lorsque, pour la seconde fois, M. de Villèle vient présenter un projet si mal conçu, et à ce point alarmant, qu'avant même qu'il soit mis en discussion il a pour effet de jeter dans les esprits un profond mécontentement, il importe de ramener fortement la pensée publique à cette règle inviolable, conservatrice du pouvoir royal, nécessaire à la sécurité des peuples : *Le roi ne fait jamais mal; le roi ne se trompe jamais.* Qu'un ministre perde sa popularité, c'est la moindre des choses ; je dirai plus, un ministre ne doit pas avoir de popularité à lui (1); il doit renvoyer au prince le mérite des résolutions bonnes ou heureuses, et garder pour lui seul la responsabilité de celles qui n'ont pas été trouvées telles. On s'aperçoit trop que M. de Villèle s'est fait un système absolument opposé.

_____

(1) Ce n'est certainement pas là le reproche que l'on serait fondé à adresser à M. de Villèle.

Applaudit-on à une mesure, le ministre nous
apprend par ses journaux qu'elle est son ouvrage ; une mesure produit-elle un mauvais
effet, le ministre fait déclarer par ses journaux encore (ou par ses amis, s'il n'ose pas
employer la voie de ses journaux) qu'il ne faut
pas s'en prendre à lui ; c'est le roi qui l'a voulu.
Un pareil tort est déplorable, et les royalistes qui n'ont pas voulu perdre le droit de servir
la royauté ne sauraient le passer sous silence.

J'ai dit que le nouveau projet était pire que
le premier : le meilleur moyen de constater
la vérité du fait, c'est de comparer les deux
projets.

D'abord, l'idée est la même ; on veut aujourd'hui, comme on le voulait il y a un an ,
opérer une réduction des rentes, sans employer les moyens propres à faire sentir aux
intéressés la justice et la convenance de cette
détermination. On veut abaisser l'intérêt de
l'argent placé dans les fonds publics, et se
dispenser de prouver que l'intérêt de l'argent
soit réellement descendu sur la place au taux
auquel on veut le réduire.

Par le premier projet, le ministre allait droit
au but qu'il se proposait ; à l'aide d'une offre
de remboursement impossible à effectuer, et

d'un appel bien prononcé à l'agiotage, *il for-
çait* la conversion des rentes, et par conséquent leur réduction ; le procédé était vio-
lent, mais il était clair, au moins, et l'on savait
à quoi s'en tenir. Le projet adopté, M. de
Villèle fixait un terme à l'option ; chacun prenait son parti ; les uns acceptaient leur remboursement, les autres subissaient la réduction. L'opération marchait, une crise sur-
venait (elle est inévitable dans un projet
comme dans l'autre), mais l'on arrivait à
un résultat définitif présentant des rentiers
remboursés, des rentiers convertis, et des
spéculateurs ruinés pour avoir voulu jouer
avec des gens qui avaient sur eux l'avantage
des capitaux, et celui de connaître à l'avance
le secret de l'opération qu'ils avaient imaginée et préparée de longue main.

Tous les vices du premier projet, tous ses
dangers, soit pour la fortune publique, soit
pour celle des particuliers, se reproduisent
dans le nouveau, mais avec cette différence
que celui-ci n'offre pas cette espèce d'avantage de clore l'opération, et de partager,
pour n'y plus revenir, la totalité des rentiers
en deux masses, l'une allant au remboursement, l'autre à la réduction. Je suis per-

suadé que M. de Villèle, s'il le pouvait,
dirait que la première édition de son projet
était *meilleure* que la seconde ; je serais de
son avis ; seulement, comme je ne me crois
pas obligé de me servir des mêmes expressions que lui, je dirais, moi : Le projet
de 1824 était excessivement *mauvais*, mais
moins cependant que celui de 1825. On a
cru un moment que le second n'était qu'un
amendement du premier. De quel amendement entend-on parler ? Un seul, que je
sache (au moins de quelque importance),
a été proposé à la Chambre des députés sur
le fond même de la loi : c'est celui de M. Leroy. On sait quelle en a été la destinée. M. de
Villèle s'en est emparé, et l'a rendu tellement méconnaissable, que chacun s'est écrié :
Ce n'est plus l'amendement de M. Leroy ;
il appartient à M. le ministre des finances !
et on l'a rejeté avec un humeur qui témoi-
gnait assez que des députés peuvent vouloir
se montrer indulgens, et ne pas consentir
pour cela à jouer le rôle de dupes.

Eh bien, c'est l'amendement de M. Leroy, dénaturé sur le champ par M. de Villèle, et rejeté avec humeur par la Chambre,
que M. de Villèle ressuscite aujourd'hui. L'a-

mendement de M. Leroy éliminait les 3 pour
cent, en leur substituant exclusivement des
4 pour cent. Travaillé par M. le ministre des
finances, le *même amendement* maintenait les
3 pour cent, et plaçait à côté *la faculté* ac-
cordée aux rentiers de prendre des 4 pour
cent *au pair*, avec garantie contre un nouveau
remboursement jusqu'au 1er janvier 1830, et
le paiement de l'intérêt à 5 pour cent jusqu'au 1er janvier 1826. La déception était
évidente ; aussi la discussion ne fut pas longue. Le sera-t-elle davantage cette année?
J'ai peine à le croire. Le projet de loi est
calqué sur l'amendement ; le but est le même ;
à la place des 4 pour cent, je vois bien des
4 et demi, mais je ferai voir que la *faculté* de
les prendre est également illusoire, et qu'il
s'agit toujours d'amener les rentiers à la *nécessité* de *choisir librement* des 3 pour cent
livrés au taux de 75.

Monsieur le comte, j'ai prononcé le mot
de 3 *pour cent livrés au taux de* 75 ; il m'est
impossible de passer outre ; j'ai ces 3 pour
cent sur le cœur : c'est un poids dont il faut
que je me soulage.

M. de Villèle a déclaré officiellement dans
son premier projet, et il déclare de même

dans celui-ci, qu'il délivrerait des rentes
3 pour cent au taux de 75. Tout le monde a
répété ce que disait M. de Villèle. Je n'aime
pas à m'inscrire en faux contre une idée
admise par tout le monde. Cependant, l'erreur est ici tellement considérable, que je
ne puis m'empêcher de la faire sentir, et
d'indiquer les motifs qui ont dû porter le
ministre à la commettre bien volontairement.

Le ministre ne donne pas de 3 pour cent
à 75. La locution est impropre, et c'est là son
moindre défaut. Donner une rente à un taux
quelconque, c'est la livrer à ce taux pour prix
d'un capital correspondant. Or, il n'est point
ici question de capital. Il s'agit uniquement
de donner une rente plus faible en échange
d'une rente primitivement plus forte. M. le
ministre des finances, au moment où il entamerait l'opération, ne posséderait pas pour
un sou de rentes 3 pour cent. Il ouvrirait un
livre jusqu'alors en blanc, il attendrait qu'on
lui apportât une rente 5 pour cent réduite
à 4, et il l'inscrirait sur ce livre, en tête du-
quel il aurait écrit, *rentes trois pour cent.*

Cependant, ce n'est pas sans avoir au
moins un motif par devers lui que le ministre
a recours à une circonlocution inintelligible

pour exprimer une chose aussi simple que la
réduction d'une rente et son transport d'un
livre sur un autre livre. Au lieu d'un seul
motif pour agir ainsi, je crois que le ministre
en a deux. Lorsqu'il est question d'argent,
M. de Villèle juge bien les hommes ; il sait
qu'il faut parler à leurs sens. Il pose d'abord
ce chiffre de 75 francs, en effet très-expres-
sif : c'est un point de départ que chacun peut
apercevoir ; il le dépasse sur le champ, et
avant même que la loi soit en voie d'exécution, il fait (par l'intermédiaire des banquiers) monter le nouveau fonds au-dessus
de ce taux de 75. Par cette manœuvre, il entraîne la foule des agioteurs, et malheureusement aussi de vrais rentiers ; la formule qu'il
emploie est donc un piége tendu à la faiblesse
des hommes, un appât offert à leur cupidité ;
c'est l'affiche du projet que le ministre fait
placarder de toutes parts pour inviter les
passans à entrer dans l'opération. Lisez !
3 *pour cent livrés à* 75 ; avant d'être créés,
ils sont à 78, le lendemain de leur création,
ils seront à 82, à 85 peut-être ; prenez-en
donc, c'est de l'argent gagné en dormant, le
bénéfice est acquis d'avance, il ne faut que
vouloir étendre la main pour le saisir ; et

beaucoup le voudraient, Insensés! qui ne ver-
raient pas qu'un projet offrant à gagner à tout
le monde, doit nécessairement tromper presque tout le monde, et qu'une personne ne
pourrait réellement y faire sa fortune sans
que vingt autres vinssent y perdre la leur!

Le motif que je viens d'exposer n'est pas
le seul qui ait déterminé le ministre à adopter
cette fiction de 3 pour cent livrés au taux
de 75. Lorsque l'on reproche à M. de Villèle
de donner pour 75 fr. 3 fr. de rentes, 3 pour
cent, il répond que M. Pitt en a bien donné
à 70, et il n'y a pas grand chose à répondre
à cela. Il est bien vrai que le ministre anglais
n'a fait une semblable opération que pour
obéir à la loi d'une impérieuse nécessité,
pour satisfaire à des besoins pressans, lorsqu'il s'agissait d'assurer l'indépendance de
son pays, et de jeter les fondemens de sa
grandeur future; il est aussi bien vrai que le
ministre français la propose sans nécessité
comme sans raison, même apparente; mais
on aurait tort sans doute de s'arrêter à ces
légères différences de positions. M. Pitt a
donné des 3 pour cent à 70, M. de Villèle en
offre à 75 : c'est un trait de ressemblance
qu'il veut avoir avec ce grand homme.

Mais ce que M. Pitt n'a jamais fait, ce
que l'on ne laisserait jamais faire à un ministre, ni seulement proposer impunément
par lui, dans un pays où l'on croit que les
ministres doivent prendre soin de la fortune publique, et non pas la gaspiller, ce
serait de vouloir inscrire une rente à un
titre plus bas que celui indiqué par son pair
nominal; ce serait de vouloir porter une
dette entière 4 pour cent sur un livre de
3 pour cent. Or, voilà précisément ce que
veut faire M. de Villèle; mais il sent si bien
que l'opération qu'il propose est extrava-
gante, qu'il n'y avait pas d'exemple avant lui
d'une pareille folie (probablement il n'y en
aura jamais après), qu'il n'ose pas l'avouer;
il recule devant sa propre pensée; ce qu'il
veut faire, il ne veut pas le laisser dire à la
loi qu'il présente, et trouve qu'il y a bien
plus d'adresse, et de loyauté sans doute, à
dire simplement : Je fais comme M. Pitt et
comme beaucoup d'autres; je donne des
rentes au dessous du pair, je livre des 3 pour
cent au taux de 75 francs.

Le projet de loi présenté l'année dernière
a vivement occupé le public et les Chambres; il a fait naître une foule d'écrits; tous

les journaux ont consacré à son examen de
nombreux articles ; cependant, il est vrai de
dire que généralement il a été peu compris,
et que, même après son rejet, il a laissé
dans l'esprit de bien des gens beaucoup
d'obscurité. Une aussi étrange incertitude ne
peut être attribuée qu'au vice de rédaction
de l'article unique dont se composait le projet. La proposition de M. de Villèle relative
à des 3 pour cent à 75, est, je le répète,
inintelligible, parce qu'elle n'offre pas d'application réelle. Pour moi, je l'avouerai franchement, dans le premier moment j'ai ac-
cepté la formule sans examen, et me suis
occupé seulement des résultats que devait
avoir l'opération indiquée par elle ; un peu
plus tard, j'ai voulu considérer la proposition
en elle-même ; j'ai voulu lui trouver un sens
précis : c'est alors que je me suis aperçu
qu'elle n'en avait pas.

Une disposition législative, surtout en matière de finances, doit être assez claire pour
que les hommes de tous les pays puissent
sur le champ s'en rendre compte, lorsque
d'ailleurs leurs études, leur position les rendent juges compétens. Eh bien, dites à un
étranger, à un chancelier de l'Echiquier,

par exemple : Le ministre des finances, en France, veut réduire à 4 pour cent une dette publique constituée en 5 pour cent; il offre aux rentiers qui voudront consentir à subir cette réduction, des rentes 3 *pour cent au taux de 75 francs;* le financier d'outre-mer ne vous comprendra pas d'abord, il vous fera répéter la proposition une seconde, une troisième fois, et il aura encore besoin de se recueillir avant de pouvoir saisir le but et apprécier le mérite de l'opération. L'offre des 3 pour cent *à un taux déterminé* causera son embarras, parce qu'il se demandera comment elle pourrait être effectuée. Mais dites-lui : Notre ministre propose de réduire à 4 pour cent la dette constituée à 5, et d'inscrire la dette réduite au titre de 3 pour cent. Le ministre britannique pourra vous témoigner une surprise grande, il pourra bien vous demander le nom de son confrère, afin d'en prendre note et de le marquer d'un signe particulier ; mais au moins il vous comprendra à merveille, il ne vous fera pas répéter, et vous répondra : Votre ministre doit une rente de 5 francs qu'il pourrait rembourser ou racheter moyennant 100 francs ; il veut la réduire à 4. D'après nos principes, il de-

vrait profiter du montant de la réduction, et
rester débiteur du même capital de 100 fr.; au
lieu de cela, il constitue une rente de 4 francs
qu'il devra rembourser ou racheter jusqu'à
concurrence de 133 fr. 33 c., c'est-à-dire
qu'il gagnera d'un côté un cinquième sur le
revenu, et perdra de l'autre un tiers sur le capital. Voilà son opération : je lui en fais mon
compliment; mais si un ministre, chez nous,
s'avisait d'en proposer une semblable, le con-
cierge de Bedlam recevrait sur le champ
l'ordre de lui préparer un logement.

Je voulais arriver à ceci, monsieur le
comte ; l'idée des 3 pour cent à 75 ne se présentait pas naturellement. Il a fallu la chercher; ce n'est qu'une fiction imaginée en même
temps pour établir à l'avance un terme de
comparaison qui puisse séduire, attirer les
rentiers, et déguiser autant que possible le vice
radical du projet, éviter l'aveu formel d'une
proposition qui, si elle était bien énoncée *et
bien comprise*, perdrait aussitôt le ministre
qui l'a conçue.

La distinction que j'ai cherché à établir
ne pourrait paraître futile qu'à ceux qui ne
voudraient pas y réfléchir. Les esprits justes
en seront frappés; les hommes versés dans

ces matières en comprendront facilement
l'importance sous le rapport de la question
financière ; tout le monde, au moins, con-
viendra que le langage des lois doit être un
langage de vérité, et qu'il serait vraiment
déplorable qu'une proposition destinée à
être votée par des Chambres et sanctionnée
par le roi, vînt se résoudre en une coupable déception.

Faut-il la rendre palpable cette déception?
une dernière réflexion suffira. M. de Villèle,
l'année dernière, déclara se réserver la faculté de fixer un terme à l'option du remboursement ou de la réduction. Il était dans
son droit : débiteur, il se libérait quand il le
voulait : notre législation l'a réglé ainsi. Le
terme fixé à l'option étant expiré, il est évident que tous ceux qui ne se seraient pas
prononcés étaient réputés accepter la réduction *aux conditions proposées par le ministre.* Or, dans ce moment, le cours des
3 pour cent pouvait être au-dessous de 75.
C'est une hypothèse sans doute, mais certainement elle n'est pas dépourvue de probabilité, elle est au moins dans l'ordre des
choses possibles ; dès lors il faut l'admettre.
Maintenant, je le demande, le cas échéant,

que devenait l'offre de M. de Villèle? que
restait-il au fond de la formule? Donnait-il
des 3 pour cent à 75? Si un rentier était venu
lui en demander, sa loi à la main, que lui aurait-il répondu?.... Il lui aurait ri au nez, et
lui aurait dit ensuite : « Mon ami, je ne
donne point de 3 pour cent à 75, ni à aucun
autre taux; il faudrait pour cela que je fusse
absolument le maître du cours des effets publics, et je n'en suis pas tout à fait là. J'ai dû
dire que je donnais des 3 pour cent à 75,
parce que M. Pitt en a donné à 70; mais
l'exacte vérité (je puis le dire aujourd'hui)
est que je n'ai jamais eu de 3 pour cent à ma
disposition. J'inscris des rentes 5 pour cent
réduites à 4, au titre de 3 pour cent. Je n'ai
pas fait autre chose jusqu'à présent, et je
vais faire pour vous ce que j'ai fait pour tout
le monde; vous ferez, vous, de votre nouvelle rente ce qu'il vous plaira; vous ne
pouvez pas vendre à 75, vous vendrez à 72,
à 70, je m'en lave les mains. Je voulais réduire, j'ai réduit, et j'ai cinq journaux qui
vous apprendront que je suis un grand ministre. »

En soumettant ces réflexions à votre ex-
cellent jugement, je n'ai pas besoin de vous

7

faire remarquer, monsieur le comte, qu'elles
rentrent dans l'objection principale, objection mortelle aux deux projets de M. de
Villèle, celle qui est relative à l'accroissement du capital de la dette publique. Les
difficultés attachées à cette question, neuve
pour la plus grande partie du public, en ont
retardé quelque temps la solution complète,
définitive. Enfin, la vérité s'est fait jour, elle
a triomphé de tous les obstacles que la mauvaise foi ou l'ignorance s'obstinaient à lui
opposer. Traitée avec une supériorité incontestable par des écrivains profondément ini-
tiés dans les sciences de l'économie politique
et du crédit public, par les orateurs habiles
que M. de Villèle a trouvés devant lui dans
les deux Chambres, on peut dire qu'elle a
été mise à la portée de tout le monde, qu'elle
a acquis l'autorité de la chose jugée ; des
calculs ont été établis avec une telle évidence, qu'il est devenu impossible de la nier,
et qu'un seul homme, pour avoir osé tenter
de le faire, s'est vu en péril de perdre à ce
jeu sa considération personnelle, et y aurait
certainement perdu la réputation financière qu'il s'était, ou qu'on lui avait faite,
si l'on pouvait perdre deux fois une réputa-

tion (1). Le moyen le plus sûr et le plus
prompt de porter la conviction dans les
esprits les moins capables ou les moins disposés à la recevoir, était de faire voir, avec
la clarté particulière aux chiffres, lorsqu'ils
sont droitement posés, à quels résultats
devait infailliblement conduire l'opération
projetée. C'est ce qu'ont fait plusieurs personnes, mais avec un succès plus remar-
quable, M. de Mosbourg, et l'un de vos nobles
collègues, M. Roy. Sans adopter les mêmes
bases, ils sont arrivés à des résultats à peu
près égaux. Voici ces résultats ; seulement,
j'éviterai de reproduire des calculs que l'on
trouvera dans les écrits que je viens de
rappeler à votre souvenir, et qui resteront
pour attester les efforts qu'il a fallu faire
afin d'obtenir le rejet d'une loi dont le moindre danger eût été, selon moi, d'obérer la
France, de compromettre son crédit, et de
la faire occuper *financièrement* pendant quelques années par des étrangers.

Le gouvernement, par suite du système
qu'il a adopté, et sur lequel est fondé son
crédit, est tenu de racheter la dette publique.

---

(1) *Milliard perdu et retrouvé.*

Ce rachat s'effectue au moyen de la dotation annuelle affectée à l'amortissement, incessamment accrue des rentes qu'il acquiert tous les jours. Le nombre d'années nécessaire pour obtenir l'extinction de la dette, détermine l'étendue des sacrifices imposés aux contribuables, qui font les frais de l'amortissement, c'est une question de temps ; une réduction des rentes n'est donc avantageuse aux contribuables qu'autant qu'elle les libère d'une partie des intérêts qu'ils doivent payer, sans augmenter la masse du capital qu'ils doivent racheter, ou, ce qui est absolument la même chose, sans augmenter le nombre d'années pendant lesquelles ils devront supporter les charges de l'amortissement. Si le rachat de la dette réduite (*en tenant compte du bénéfice de la réduction*) doit demander moins de temps que n'en aurait demandé la dette première, l'opération, *sous ce rapport,* est utile à l'Etat. Si ce rachat (toujours avec la condition indiquée)* demande un temps égal, il y a nullité de résultats ; seulement les rentiers ont été privés d'une partie de leurs revenus, et la consommation s'est trouvée altérée d'autant ; enfin, s'il doit exiger un temps plus long, il y a

perte pour l'État, et cette perte est indiquée
par la réunion des sommes qu'il aura fallu
continuer à payer pendant le nombre d'années excédent celui qui aurait suffi au rachat
de la dette avant sa réduction.

Voilà ce que l'on a essayé de faire comprendre à M. de Villèle, et ce qu'on lui a
rendu palpable, en ajoutant annuellement,
pour opérer le rachat de la nouvelle dette, le
montant de la réduction au fonds d'amortissement consacré au rachat de la dette 5 pour
cent. Il était impossible de porter plus loin
l'évidence, et de prouver plus clairement à
quel point *se trompait le ministre* (car sans
doute il ne voulait pas tromper), lorsqu'il
s'obstinait à présenter comme un bénéfice
acquis, et dont *on pouvait faire jouir les contribuables*, une réduction qu'il fallait réunir
au fonds d'amortissement déjà établi, si l'on
voulait obtenir l'extinction de la dette 3 pour
cent à la même époque où l'on aurait obtenu
l'extinction de la dette 5 pour cent, sans
rien ajouter au fonds d'amortissement qui est
attribué à cette dernière ; *mais en supposant
que le cours moyen du rachat de la totalité des
3 pour cent ne s'éleverait pas au dessus de 85 fr.
(et quelques centimes.)* On a fait observer à

M. de Villèle, et on a pris soin de lui dé-
montrer que si ce cours moyen s'élevait
à 87 fr. 50 c., il en résulterait *pour les contribuables* une perte de 106 millions; une perte de
plus de 212 millions s'il parvenait à 90, et ainsi
de suite dans une progression toujours crois-
sante, et *toujours* en consacrant le montant
de la réduction au rachat de la nouvelle dette,
et non pas au soulagement des contribuables.

Ce qui a été démontré en 1824 doit de-
meurer démontré en 1825. Les chiffres sont
restés posés, l'objection n'a pu rien perdre
de sa force, la vérité a dû conserver son
caractère. M de Villèle n'a pas voulu se
dépouiller du sien; il revient avec ses er-
reurs, il reproduit son projet avec le vice
capital qui l'a fait déjà condamner; il ne
tient aucun compte d'une résistance de chiffres et de raisons qu'il n'a pu vaincre par des
chiffres ni par des raisons; il ne daigne pas
même dire un mot de l'objection devant
laquelle il a succombé; enfin, il semble avoir
perdu la mémoire de ce qui s'est passé l'année
dernière, ou bien il suppose que le public et
la Chambre des pairs l'auront perdue.

Ici je m'arrête, et je dois le faire; lorsque
les torts d'un ministre sont d'une telle na-

ture qu'il devient impossible de dire tout ce que l'on en pense, il est plus sage de se taire. Je me bornerai donc à cette seule réflexion : si M. de Villèle n'a pas compris l'objection relative à l'accroissement du capital de la dette publique, quelle idée faut-il se faire de son intelligence, de sa capacité financière? Si, l'ayant comprise, il passe outre, que faut-il penser de sa droiture, de sa probité politique? Comment entend-il les devoirs imposés à un ministre du Roi? A quoi se croit-il obligé comme administrateur de la fortune publique?

J'ai déjà eu l'honneur de vous faire observer que le nouveau projet, indépendamment des vices qu'il a hérités de l'ancien, dont il est en quelque sorte la contre-partie, en avait de particuliers; ils tiennent aux combinaisons imaginées par M. de Villèle pour déguiser l'identité des deux projets, et arriver cependant par le second aux résultats qu'il s'était promis du premier.

Je vais les exposer brièvement.

Je dois dire un mot sur l'article 2. Le but apparent de cet article est d'assurer pendant cinq ans le paiement d'une partie de l'intérêt des rentes attribuées à l'émigration. Mais sa

véritable destination est de lier le projet sur
les rentes au projet d'indemnité. Il y a là un
piége que les Chambres sauront sans doute
apercevoir, et dont elles voudront se ga-
rantir ; elles sentiront le danger qu'il y aurait
à laisser subsister le moindre rapport entre
deux lois d'une nature si différente. Telle est
cependant l'intention de M. de Villèle ; elle
n'est pas seulement indiquée par l'article 2
du projet de réduction ; on la trouve d'une
manière plus sensible encore dans l'article
correspondant du projet d'indemnité. M. de
Villèle n'a point refusé les divers amendemens qui lui ont été demandés par la commission, parce qu'ils conservent à sa loi la
seule disposition à laquelle il attache réellement du prix. Ce ministre a fait et fera sur
les principes toutes les concessions que l'on
exigera de lui ; ainsi le sacrifice de l'article 7
lui coûtera peu. Mais qu'on lui demande
de modifier l'article 2 de cette même loi, en
ce qui touche à la création d'un fonds de 3
pour cent pour les émigrés, il refusera ; la
raison en est simple : M. de Villèle est persuadé que l'adoption de cet article doit
entraîner celle de son projet favori. Il est
certain du moins qu'il en tirerait un triste

avantage; il n'hésiterait pas à affirmer qu'a-
près avoir voté des 3 pour cent pour l'indemnité, il est impossible de se refuser à
admettre la conversion au même titre de la
dette 5 pour cent, et par conséquent de
réduire les *rentiers,* par suite du mode de
paiement adopté à l'égard *des émigrés.* Pour
arracher un vote aussi dangereux, M. de
Villèle ne se refuserait pas à invoquer l'intérêt des émigrés eux-mêmes. Il dirait (je
vous prie de prendre note de ma prédiction)
que l'on ne peut pas laisser isolé un fonds
en 3 pour cent affecté à l'émigration, et que,
par différens motifs, il importe de le réunir
à une masse de rentes 5 pour cent réduites
à 4, et inscrites au titre de 3. Ce raisonnement ne serait pas seulement absurde, il serait cruel, il acheverait de perdre la noble
cause de l'émigration, déjà trop compromise. Le public a été frappé des raisons
puissantes qui ont nécessité le rejet du premier projet de loi; il est persuadé que celui-ci n'est pas moins mauvais; s'il venait à
être adopté, qu'en résulterait-il? Vous avez
déjà répondu, monsieur le comte, il en résulterait une impression déplorable : on s'é-
crierait que le désir de favoriser les émigrés

a pu seul déterminer un vote différent sur deux projets de même nature, et que l'on a cru devoir sacrifier les intérêts des rentiers aux intérêts d'une classe privilégiée. J'ose le dire, et je suis certain de n'être pas désavoué par les émigrés : mieux vaudrait pour eux n'être pas indemnisés, que de l'être à de pareilles conditions. Je sais que ces dernières réflexions n'entraient pas naturellement dans mon sujet; mais je n'ai pu m'abstenir de vous les soumettre, et j'insiste fortement sur ce point : que les articles 2 des deux projets ayant évidemment pour objet de les enchaîner l'un à l'autre, ne sauraient subsister sans les plus graves inconvéniens, sans justifier ce mot d'une effrayante vérité : *qu'aurait pu faire de pis M. de Villèle, s'il était l'ennemi mortel des émigrés?*

Je passe à l'article 3.

Cet article est fort essentiel : c'est la clef du projet, ou plutôt il est à lui seul tout le projet. Je dois vous rappeler, à cette occasion, une naïveté échappée à un journal ministériel. Un mot suffit quelquefois pour décider du sort d'un projet de loi ; et si ce mot vient à être prononcé par un maladroit défenseur, le coup en est d'autant plus mortel.

A l'apparition du projet, un journaliste à la
solde a voulu faire le capable, et montrer
son intelligence à saisir sur le champ la pensée du patron. « Il ne faut pas se le dissimuler, s'est-il écrié, le nouveau projet tue
les 5 pour cent. » M. de Villèle s'est effrayé
de l'intelligence de son journaliste; il s'est
hâté d'en dépêcher un autre (1), chargé de
déclarer que son collègue n'avait pas le sens
commun, et qu'il avait dit une sottise à laquelle il ne fallait pas prendre garde. Le public, averti par cette révélation subite, a
voulu au contraire y regarder de très-près :
un mot comme celui-là ne tombe pas sans
qu'il se trouve sur le champ du monde pour
le ramasser. La vérité est que le malencon-
treux journaliste n'avait pas dit une sottise;
il avait seulement commis une grande indis-
crétion. Oui, le projet doit perdre les 5 pour
cent, et l'article 3 n'a pas d'autre destination
que celle de sacrifier la dette primitive, la
véritable dette de l'Etat à la dette nouvelle

---

(1) *L'Étoile*, journal fort habile en matière de finances,
comme chacun sait, eut mission de désavouer *la Gazette*,
qui d'ailleurs ne le cède pas à *l'Étoile* en habileté financière.

que M. de Villèle veut à tout prix lui substituer.

La résolution de ne point racheter des rentes au-dessus du pair est très-bonne en elle-même. Puisque l'État est en possession du droit de rembourser sa dette au pair, il est déraisonnable d'en effectuer le rachat à un taux plus élevé. C'est ce que l'on a dit à M. de Villèle l'année dernière. Mais l'année dernière, M. de Villèle n'a pas voulu le comprendre. Il le comprend cette année. A la bonne heure ; il est toujours temps de s'amender. Cependant il faut ici avoir égard à la *matière*. Qu'un homme d'État modifie son opinion sur des questions politiques dont les élémens changent souvent d'un moment à l'autre, on le conçoit facilement. Mais cette disposition à passer, dans l'intervalle de quelques mois, d'une idée, à une autre idée diamétralement opposée, sur des questions de crédit public, questions fixes, et presque toujours rigoureusement démontrées, cette disposition, dis-je, est singulière et mérite d'être remarquée.

Voici quelles étaient *sur la matière* les opinions de M. de Villèle, *le samedi 24 avril 1824*, à la Chambre des députés. Le ministre

voulait réfuter l'objection relative à l'accroissement du capital de la dette. « Tout le pres-
« tige de l'erreur avec laquelle on a abusé le
« public dans ces calculs, repose sur ce qu'on
« a supposé que les 5 pour cent seraient
« rachetés à 100 francs, taux où ils sont au-
« jourd'hui, et que les 3 seraient rachetés
« après être montés de 75 à 100 francs, sans
« songer que *la même progression de hausse*
« *devait être appliquée aux deux systèmes,* pour
« pouvoir les comparer avec exactitude *sous*
« *les rapports de la durée du rachat de la dette.*
« Supposer les 5 pour cent fixes et les 3
« croissant, c'est se donner, à peu de frais,
« les moyens d'amener le résultat qu'on cher-
« che et non celui qui est conforme à la vé-
« rité (1). »

M. le ministre était encore dans la même
opinion le 6 mai 1824. Son discours de ce
jour à votre noble Chambre en fait foi :

« Je sais, messieurs, que la création des
« rentes à 3 pour cent entraîne une augmen-
« tation *apparente* dans le capital de la dette

---

(1) *Voyez* le Discours de M. le ministre des finances à
la Chambre des députés, séance du 24 avril 1824, pages
7 et 8.

« publique : c'est même un argument dont on
« a singulièrement abusé pendant quelques
« temps ; *mais il est réduit aujourd'hui à sa*
« *valeur.*

« On a reconnu enfin (Son Excellence au-
« rait bien dû dire qui sont ceux qui ont re-
« connu cela) que le capital nominal n'est
« qu'*une limite* posée au cours des effets pu-
« blics, indiquant à quel taux ils deviendront
« remboursables, si l'Etat veut user de cette
« faculté. *Mais il ne peut servir à calculer le*
« *capital que l'Etat doit racheter :* celui-ci ne
« dépend que *du cours des rentes sur le mar-*
« *ché, et lui seul est appréciable.* Pour ce qui
« est de la caisse d'amortissement, *peu lui*
« *importe* le capital attribué nominalement
« aux effets publics; elle ne rembourse ja-
« mais; elle rachète, *et elle rachète au cours*
« *du jour.* Son action est la même, *comme il*
« *est palpable,* sur des 3 ou des 5, à moins
« de supposer le crédit affecté par cette der-
« nière valeur. Mais qui voudrait s'appuyer
« sur une semblable hypothèse? »

Voilà, monsieur le comte, des idées bien

---

(1) *Voyez* le Discours de M. le ministre des finances à
la Chambre des pairs , séance du 6 mai 1824, pages 11 et 12.

arrêtées et très-clairement exprimées. Mais
que les idées de l'homme, et même de
l'homme de finances, sont ambulatoires!
Ouvrez le discours prononcé par M. de Villèle le 3 *janvier* 1825, à la Chambre des
députés; vous y verrez, *page* 62, que la mesure proposée par l'article 3 du nouveau
projet, *est commandée par l'intérêt de l'Etat
et du crédit;* que l'absence de fonds publics
au-dessous du pair, et l'existence d'un emprunt en voie d'exécution (circonstances
dont M. de Villèle n'avait pas dit un mot
l'année dernière, et qui, d'ailleurs, n'avaient
aucun rapport avec les théories positives
exposées par lui relativement à l'action de
l'amortissement), ont seules pu rendre *to-
lérable* jusqu'à présent l'achat par la caisse
d'amortissement de rentes *au-dessus du pair,*
rentes que l'Etat *cependant* (1) avait le droit
de rembourser au pair, et qu'il était *du devoir
du gouvernement* de faire cesser le plus tôt
possible *un emploi aussi abusif du fonds d'a-
mortissement.*

Nous voilà fixés sur les idées de M. de Vil-

---

(1) Je souligne le mot *cependant,* parce qu'il est placé,
par le ministre, de manière à faire un *non-sens.*

lèle (celles de janvier 1825) : il en résulte
que c'est *actuellement* un devoir imposé au
gouvernement de ne point racheter des
rentes au-dessus du pair. Mais que penserons-nous de cette suspension subite de l'action de l'amortissement sur les rentes 5 pour
cent, aussitôt qu'elles auront atteint le pair,
suspension commandée par ce même article 3, qui nous occupe en ce moment? N'en
pensons rien, monsieur le comte; mais
voyons ce qu'en pensait M. de Villèle en
1824 :

« Au lieu de réduire l'amortissement, vou
« drait-on se borner à en suspendre les ef
« fets aussitôt que nos 5 pour cent auraient
« atteint le pair, pour le faire agir de nou
« veau lorsqu'ils tomberont au-dessous?
« Mais alors il ne serait plus établi qu'au
« profit des rentiers et des capitalistes. *Votre*
« *devoir envers les contribuables vous interdit*
« *l'adoption d'un plan qui leur serait si funeste.*
« Quoi! vous les condamneriez à employer
« sans cesse leurs fonds d'amortissement
« pour élever le capital des rentiers! Mais
« aussitôt que ce capital atteindrait le point
« où il tombe sous le coup du rembourse
« ment, vous obligeriez ceux à qui cette cir-

« constance devient favorable, à s'arrêter, et
« à renoncer à tous les avantages qu'ils peu-
« vent retirer de la réduction des intérêts.

« En vérité, aucun plan ne saurait être
« conçu d'une manière plus opposée aux in-
« térêts généraux et aux devoirs qui vous
« sont imposés, que celui de cette suspen-
« sion, inexécutable au reste, de l'action de
« votre amortissement (1). »

Je n'ignore pas, monsieur le comte, que
M. de Villèle voudra placer ici une réponse
spécieuse afin de se soustraire, au moins
une fois, au reproche de contradictions par
trop choquantes, que je crois avoir suffisamment motivé. Je raisonnais, dirait-il,
en 1814 dans un système différent de celui
où je me trouve aujourd'hui placé. Je crée
un fonds de rentes nouveau ; j'applique à ce
fonds l'action de l'amortissement successivement suspendu et repris à l'égard de la dette
en 5 pour cent. Je ne laisse pas l'amortissement sans emploi ; je lui procure au contraire une *heureuse* destination : de quoi se
plaint-on ?

---

(1) *Voyez* le Discours déjà cité (Chambre des députés), pages 12 et 13.

On doit être tellement accoutumé à voir
M. de Villèle se placer à côté des questions
qui l'embarrassent, que l'on aurait tort d'en
témoigner la moindre surprise. Aussi ne
suis-je nullement *surpris* de la conduite ha-
bituelle de M. de Villèle; mais je le suis
encore un peu, je l'avoue, de la complai-
sance avec laquelle on laisse ce ministre
suivre le système de déceptions financières
qu'il veut absolument fonder.

Ce serait peut-être ici le moment de présenter à Votre Seigneurie quelques considérations sur le rapport de la commission formée dans l'honorable Chambre des députés,
pour examiner le projet de loi relatif à la
conversion *facultative* des rentes. Je n'en
ferai rien, cependant; j'ai lu ce document
avec beaucoup d'attention; il m'a fait l'effet
d'un discours prononcé en faveur du projet;
c'est une inscription anticipée sur la liste
des orateurs qui seraient tentés de parler
pour le projet. J'y ai trouvé de plus, et si
fréquemment, les idées particulières à M. le
ministre des finances, et jusqu'à sa manière
de les exprimer, que je ne pense pas qu'il
puisse faire mieux, si son projet arrive à la
discussion, que de prendre ce rapport

comme s'il était sa propriété, et de le dé-
couper pour l'offrir à la Chambre, en trois
ou quatre morcéaux, dans des discours qui
ne lui donneraient d'autre peine à composer
que celle de trouver les transitions nécessaires pour passer sans embarras d'un discours à un autre, jusqu'à ce qu'il ait épuisé
le rapport. Pour moi, sans chercher de tran-
sition, je reviensau système de déceptions
financières que M. de Villèle a si fort à cœur
d'introduire parmi nous, sans doute pour
notre plus grande prospérité.

Le système se montre ici dans tout son
éclat; le voile qui le couvre est si transpa-
rent, qu'il n'est pas nécessaire de le soulever pour voir ce qu'il y a dessous; il suffit
de regarder au travers. L'on aurait tort, en
pareil cas, de reprocher à M. le ministre
de vouloir encore tromper ; car ceux-là seulement seront trompés qui voudront bien
l'être. Il faudrait véritablement y mettre
beaucoup du sien. Voici ce dont il s'agit :

On ne veut plus que M. de Villèle rachète
les rentes dues par l'Etat au dessus de leur
pair nominal, puisqu'on lui a fait la concession du droit de les rembourser à ce
taux. M. de Villèle ne résiste point violem-

ment à cette volonté ; il cède en apparence,
mais il s'arrange de manière a en rendre
l'effet illusoire ; il démolit l'édifice de notre
crédit public, et avec les matériaux il en
construit un autre à l'usage des agioteurs. Il
étend la main sur la dette de l'Etat, dette
reconnue, consacrée par le temps et par
nos lois ; il la flétrit, lui ôte une partie de
son prix. Il arrête dans son essor le cours,
auquel devait l'élever la confiance publique,
et ce dévèloppement non interrompu depuis
dix ans, d'une prospérité dont nous ne sommes redevablés qu'au retour de nos princes,
et non pas, certes, à l'habileté des ministres
qu'ils ont appelés jusqu'à ce jour à l'honneur
de les servir.

Cependant, dira M. de Villèle, j'adopte
un principe proclamé par tous les hommes
versés dans la théorie des finances, je fais
cesser une mesure *intolérable;* la Caisse d'a-
mortissement ne rachetera plus de rentes
au-dessus du pair : n'est-ce pas là ce que
l'on demandait? Voici ce que j'aurai l'honneur de demander à M! le ministre des finances : Quelle différence faites-vous entre
ces trois opérations : acheter 5 fr. de rentes
(5 pour cent) au prix de 125 fr. ; 4 1/2 de

rentes (4 1/2 pour cent) au prix de 112 fr.
50 cent., et 3 francs de rentes (3 pour
cent), au prix de 75 fr ? N'est-ce pas, dans les
trois hypothèses, acheter des rentes au taux
de 4 pour cent? Du moment où vous ache-
terez votre nouvelle rente au dessus de 75 fr.,
n'acheterez-vous pas réellement au dessus du
pair de 4 pour cent, taux auquel vous réduisez l'ancienne dette? Tel était cependant
le raisonnement sur lequel s'appuyait M. de
Villèle l'année dernière ; il ne voulait pas
reconnaître d'autre rachat que celui qui se
trouvait indiqué sur la place par le cours des
effets publics. Aujourd'hui, il limite ce cours
au pair pour les 5 pour cent, afin de se
donner le droit de racheter ses 3 pour cent
jusqu'à concurrence de 100 fr., sans paraître
racheter la nouvelle dette au dessus du pair
relatif à sa réduction (4 pour cent). Mais
M. de Villèlle n'a pas, en finances, de principes plus arrêtés qu'en politique ; il change
de système au gré de ses désirs ou de ses
besoins. On n'a pas voulu, l'année dernière,
qu'il réduisît la rente par l'effet illusoire d'un
remboursement impossible à effectuer, et il
veut cette année la réduire, au moyen d'une
prétendue liberté laissée aux rentiers, liberté

qu'il rend également illusoire, puisqu'il paralyse le cours de leurs 5 pour cent ; et que, *tuant* cette rente, il force à la déserter ceux qui la possèdent, pour se jeter dans les 3 pour cent, devenus l'objet d'une préférence exclusive, et destinés à éprouver seuls l'action puissante de l'amortissement.

Il faut conclure de ceci, monsieur le comte, que l'article 3 n'a point pour but véritable de faire rentrer l'amortissement dans les limites prescrites par l'intérêt de l'Etat, mais bien d'assurer la conversion désirée, par l'effet du discrédit que doit nécessairement jeter sur les 5 pour cent, premièrement la crainte continuelle d'un remboursement ou d'une réduction ; secondement la suspension de l'amortissement aussitôt que cette partie de la dette aurait atteint le pair.

Et qu'on ne dise pas que rien n'empêcherait les 5 pour cent de monter parallèlement aux 3 pour cent. Cette idée ne serait admise par aucunes des personnes qui entendent quelque chose à ces questions. M. de Villèle sait fort bien à quoi s'en tenir à cet égard ; et s'il pouvait faire passer sa loi, vous le verriez bientôt charger ses journaux d'apprendre aux rentiers que leurs 5 pour cent sont *morts;*

qu'ils ne doivent plus s'attendre à les voir s'é₂
lever sensiblement au dessus du pair, et qu'ils
n'ont rien de mieux à faire que d'accepter ou
de subir la conversion. L'évènement justifierait, n'en doutez pas, l'avertissement du
ministre. Le cours des effets publics est soumis à une espèce d'influence morale qui le
domine toujours. L'idée que les 5 pour cent
sont abandonnés par le gouvernement, suffirait pour arrêter les spéculateurs ; et d'ailleurs la concurrence d'un nouveau fonds fort
éloigné du pair, et présentant par cela même
des chances de gains beaucoup plus éten-
dues, serait fatale à l'ancien fonds, qui, je
le répète, resterait incessamment placé sous
le coup du remboursement ou de la réduction.

Je suis intimement persuadé que M. le
ministre ne se fait point illusion sur les résultats matériels qui suivraient l'adoption de
son projet de loi. Il ne peut être actuellement guidé que par un seul motif, celui de
remplir ses engagemens envers les banquiers
de l'année dernière, et de leur assurer la
conversion des rentes qu'ils ont conservées,
avec les immenses bénéfices attachés à cette
opération. Quant à la masse des porteurs de

rentes 5 pour cent, très-peu entreraient dans
le nouveau fonds. J'en dirai la raison dans
un moment. En définitive, je ne pense pas
que l'on puisse évaluer la totalité des rentes
5 pour cent, que le projet ferait aller à la
conversion à plus de 50 millions de rentes,
dont quarante provenant des compagnies
financières, et des capitalistes étrangers qui
se joindraient à elles, et 10 millions de rentes
appartenant réellement à des nationaux. Je
porte peut-être trop haut cette dernière évaluation. On comprend aujourd'hui le danger
de se livrer à une spéculation de cette nature, dont les étrangers seuls auront le secret, et qui doit avoir pour effet de rui-
ner ceux qui ne sauront pas la terminer à
temps.

Cependant, monsieur le comte, toute la
puissance de l'amortissement serait consacrée à faire valoir le nouveau fonds ; 80 millions annuellement payés par les contribuables seraient employés à racheter une dette
de 50 millions, 3 pour cent, à l'élever à un
taux factice, et cela à côté d'une autre dette
d'environ 100 millions de rentes 5 pour
cent, qui se trouverait ainsi sacrifiée. M. de
Villèle ferait acheter, pour le compte de

l'Etat, 3 fr. de rentes 3 pour cent à 8o, 85,
9o fr., et l'Etat ne pourrait pas racheter
5 fr. de rentes 5 pour cent, à 5o c. au dessus ',
du pair.

De semblables folies ne mériteraient pas
d'être discutées sérieusement. C'est se jouer
trop audacieusement de la raison humaine,
que d'oser soumettre à son jugement des combinaisons d'une absurdité aussi révoltante.
L'indignation publique en a déjà fait justice. Je
ne doute nullement que la justice légale des
Chambres vienne bientôt se joindre à elle,
et lui donner une nouvelle sanction ; j'ose
croire même que la Chambre élective voudra
prendre cette fois l'initiative sur votre noble
assemblée ; elle sentira à quel point l'espoir
qu'un ministre a placé dans son vote est
injurieux pour elle, et qu'en l'accordant elle
ne ferait que rendre une seconde fois plus
frappant le vote inévitablement différent de
la Chambre héréditaire.

J'ai peu de chose à dire à Votre Seigneurie
sur l'article 4 ; il n'est que la conséquence
naturelle, et en quelque sorte l'application
de celui qui le précède. C'est surtout sous le
point de vue de la moralité, de la probité
politique, monsieur le comte, qu'il convien-

drait d'envisager cet article. Ce n'est pas vous qui serez étonné de voir demander de la moralité dans une disposition financière ; un manque de bonne foi, quelque part qu'il se trouve, est une mauvaise action : et si c'est un homme investi d'un grand pouvoir qui se la permet, un exemple coupable et dangereux est donné par lui à la société. Chercher à tromper le public par des expressions choisies et placées à dessein, voilà un tort grave et qu'il ne faut pas passer sous silence. Et veuillez remarquer ici les expressions : « Les propriétaires de rentes 5 pour cent auront la *faculté* de *requérir*. » Quelle *faculté?* celle de subir une conversion dont le ministre aura su leur faire une nécessité. De *requérir,* quoi ? le sacrifice d'une partie de leur revenu ! Eh bien ! c'est là, je ne crains pas de le dire, où il y a défaut de probité politique ; et je consens à écrire ce mot, *politique,* puisque l'on semble être convenu de faire une différence, que d'ailleurs je ne comprends pas, entre la probité à l'usage des hommes publics, et celle que l'on exige des particuliers. Etranges contradictions du cœur humain ! M. de Villèle fait ici, comme ministre du roi, ce que, j'en suis certain, il ne vou-

drait pas faire en son nom privé, et dans des
transactions à lui personnelles.

J'insiste sur ce point, parce que, dans ma
manière de voir, il est capital, et de plus,
parce que je me dois à moi-même de justifier
l'amertume de mes reproches. Il y aurait de
l'absurdité sans doute à dire à un ministre :
Vous aurez raison dans tout ce que vous demanderez, vous ne vous tromperez jamais.
Mais l'on sera toujours en droit de lui dire : Ex-
pliquez-vous avec franchise sur ce que vous
désirez; énoncez clairement vos intentions;
indiquez sans détour le but auquel vous voulez arriver; et si vous n'êtes pas habile, au
moins montrez-vous loyal. Vous voulez réduire la rente; vous croyez sans doute cette
mesure utile, nécessaire; dès lors vous faites
bien de la proposer. Vous ne voyez qu'un
moyen d'y parvenir; vous regardez comme
une nécessité d'empêcher l'élévation du cours
des 5 pour cent, afin d'amener ceux qui les
possèdent à accepter la conversion de leur.
titre, et par conséquent une réduction de
leur revenu; votre moyen peut n'être pas
trouvé bon; votre manière d'envisager la
question peut donner lieu à des objections
bien fondées; mais enfin, si vous exposez

franchement votre système , on le discutera
avec une juste mesure ; à vos raisons on op-
posera des raisons ; et montrant des égards
au public, vous aurez droit d'en attendre de
lui. Que si vous suivez une marche contraire, si vous voulez enlever par surprise ce
que vous devriez chercher à obtenir par la
confiance et l'assentiment des hommes éclairés, vous rendrez votre position . difficile ;
votre ruse sera déjouée ; vos véritables intentions seront mises à jour, et l'on trai-
tera avec peu de ménagemens un ministre
qui aura manqué à la fois de droiture et de
talent.

Il me semble, monsieur le comte, que
l'on serait en droit de tenir à peu près ce
langage de M. de Villèle, et qu'il aurait tort
de s'en plaindre. Je ne reproche pas à ce ministre de vouloir réduire les rentes, je suis
persuadé qu'il faudra en venir là ; mais je
pense que les moyens qu'il propose sont
dangereux, et que leur application serait
nuisible aux rentiers en même temps qu'elle
serait onéreuse à l'État ; et cependant c'est
moins sous le rapport du choix des moyens
que M. de Villèle me paraît blâmable, qu'en
raison des efforts qu'il fait pour les déguiser

et en nier obstinément les effets. M. de Villèle soutient que la conversion des rentes est
facultative pour les rentiers, qu'ils sont *parfaitement libres* de prendre ou de ne pas
prendre ses 3 pour cent; qu'ils peuvent à
leur gré sortir de leur ancienne rente pour
entrer dans la nouvelle, ou rester dans la
première. Tout cela n'est pas vrai; et le
tort grave de M. de Villèle consiste à avan-
cer une assertion qui blesse sensiblement la
vérité.

Je vous demande la permission, monsieur
le comte, pour éclaircir ce point important
d'une prétendue *faculté* laissée aux rentiers,
de rappeler à votre souvenir un fait qui m'est
personnel, et que j'ai, dans le temps, porté à
votre connaissance. Avant l'ouverture de la
dernière session, je voulus publier un écrit;
il avait pour objet l'exposé et l'examen de *la
politique de M. de Villèle;* il s'agissait de le faire
imprimer. Je trouve facilement un imprimeur
disposé à s'en charger; il se met à l'ouvrage;
distribue la copie, me soumet une épreuve; je
la corrige; j'attends la seconde;—il me remet
à la place mon manuscrit, en s'excusant de
ne pouvoir aller plus loin, bien qu'il n'ait
pas trouvé dans l'ouvrage un mot qui fût de

nature à le compromettre ; *mais il ne se croit pas en sûreté*. Je m'adresse à un autre : même marche, commencement de travail, remise du manuscrit ; celui-là ne se croit pas non plus en sûreté. Un troisième, après avoir essayé, éprouve la même frayeur. Un quatrième va plus avant que les autres, et cependant il s'arrête aussi.... La patience a un terme, et la mienne n'est pas à toute épreuve. Sachant très-bien ce qui se passait, je me détermine à aller trouver M. de Villèle, et je demande à Son Excellence de vouloir bien me permettre de faire imprimer, à mes risques et périls, conformément au droit que m'en donnaient nos lois, mon opinion *sur sa politique.*

M. le président du conseil me témoigne une surprise extrême ; il ne sait rien des choses dont je viens l'entretenir, et m'honore d'une réponse dont j'ai dû admirer la candeur. Que me dites-vous là, monsieur ! Est-ce que vous avez besoin de ma permission pour publier vos opinions ? N'êtes-vous pas *libre* de faire imprimer ce que bon vous semble ? et puis-je *empêcher* des imprimeurs de se charger de vos écrits ? L'adresse de M. de Villèle consiste presque toujours dans le choix d'un mot qu'il sait placer tout juste à

côté de la question. Ici c'était le mot *empêcher*; en effet, le ministre ne pouvait pas
empêcher, et il n'*empêchait* pas; mais un
homme, et constamment le même hom-
me (1), se trouvait sur mon chemin; il se
plaçait entre l'imprimeur et moi; il n'*empêchait* pas ce premier; il lui disait seulement:
Vous êtes parfaitement libre, vous avez la
faculté d'imprimer ou de ne pas imprimer
cet écrit; *mais prenez garde!* Et avec ce mot,
prenez garde! M. de Villèle m'a fait faire le
tour de quatre imprimeries.

Veuillez vous rappeler l'époque : M. de
Villèle inspirait alors à tous ceux qui pouvaient être atteints par une mesure arbitraire,
une véritable terreur; on avait tort de l'é-
prouver peut-être; le ministre n'avait pas

---

(1) Le sieur C. J'en fis part à M. le président du conseil;
il me pria de répéter trois fois ce nom, *de peur de l'ou-
blier. C'était un homme qui, par un zèle mal entendu,
faisait ce qu'on ne lui demandait pas.* (Je me suis
rappelé cela depuis, à l'occasion des élections.) Il voulait
lui faire laver la tête. Cependant, ce même homme était
venu le matin dans le cabinet du ministre, prendre ses
ordres à mon sujet, *et je le savais!* Je n'ai eu l'honneur de
voir M. de Villèle qu'une seule fois, mais il m'en est resté
une impression ineffaçable.

l'intention sans doute d'effectuer ses mená-
ces; mais enfin il donnait lieu de craindre;
c'en était assez : je crois même que c'en était
trop.

Maintenant, pensez - vous, monsieur le
comte, que ces imprimeurs eussent vraiment la *faculté* de prendre ou de laisser mon
écrit? Vous ne le pensez pas. Eh bien! c'est
absolument le cas où se trouvent les rentiers;
M. de Villèle ne les *empêche* point de garder
leurs 5 pour cent. Mais *qu'ils prennent garde*,
le mot est écrit dans la loi, ils ne peuvent
pas s'y méprendre; l'article 3 est là, son
sens est assez clair; et si les rentiers ne le
comprenaient pas; lorsqu'il en serait temps,
c'est-à-dire lorsque la loi serait votée, M. de
Villèle saurait bien le leur faire expliquer.

Rentrons sérieusement dans la question,
car elle est sérieuse. Pour qu'il y eût réellement *faculté*, il faudrait que toutes les conditions fussent égales, il faudrait que les 5
pour cent conservassent après la loi la valeur qu'ils avaient avant; alors les rentiers
qui sortiraient de ce fonds de rentes pour
passer dans le nouveau fonds agiraient avec
liberté, et la bonne foi du gouvernement ne
serait pas compromise. Mais, dira-t-on, si

les 5 pour cent conservaient leur valeur, aucun rentier ne voudrait les abandonner ; sans
doute, et c'est précisément là où vient abou-
tir toute la question. M. de Villèle détériore
une propriété, et puis il dit à ceux qui la
possèdent : *Gardez-la si bon vous semble*. Il
avilit le capital de la dette de l'État, pour
donner une valeur fictive au capital d'une
dette que l'on pourrait appeler *sienne ;* il
suspend l'action de la caisse d'amortissement
sur les 5 pour cent, non pas parce que la
mesure est juste et conforme aux règles de
crédit public *qu'il avait obstinément niées l'année dernière*, mais parce qu'elle est nuisible
aux intérêts des rentiers, et leur fait une
nécessité d'un choix que le ministre se permet de déclarer *facultatif*. D'un autre côté,
il applique exclusivement à ses 3 pour cent
l'action de cette caisse, et la mesure est contraire aux intérêts de l'État. Pouvait-on, je
le demande, imaginer une combinaison plus
absurde, qui blessât davantage la justice et la
raison ? ne semble-t-il pas, enfin, que M. de
Villèle ait placé son honneur et sa réputation financière dans la solution de ce pro-
blème, *trouver un projet de réduction des rentes
dont les résultats soient tels que la fortune des*

particuliers et la fortune publique s'y trouvent également et en même temps sacrifiées ?

Cependant, M. de Villèle élève la voix : « On veut donc, s'écrie-t-il, racheter indéfiniment des rentes au-dessus du pair, et l'on ne veut donc pas alléger les charges de l'Etat par une diminution des intérêts de sa dette (1) ! » Chose étrange ! monsieur le comte ; M. de Villèle est au moment de tomber, et il ne sait pas encore pourquoi il tombe; il ne voit pas que, n'ayant pu apporter que *de l'adresse* dans la conduite des grandes affaires, cette adresse-là le tue, parce qu'elle est incessamment déjouée par l'action puissante d'une presse et d'une tribune qu'il n'a pu empêcher d'être libres. Que peut-il espérer en déplaçant continuellement les questions, lorsqu'il doit savoir qu'il se trouvera sur le champ cent personnes pour les remettre à leur place ? Et, par exemple, ici, tout le monde est d'accord sur ce point, qu'il ne faut pas racheter des rentes au-dessus du pair; et l'on admettrait volon-

---

(1) C'est ce que M. de Villèle vient de dire à la Chambre des députés, à l'occasion de la loi d'indemnité, pour prouver sans doute qu'elle n'a aucune connexité avec la loi des rentes.

tiers une réduction des intérêts de la dette, publique; mais l'on voudrait que cette ré+ duction fût opérée par des moyens que l'on osât franchement avouer, et que, ne pouvant dans aucun cas être profitable aux rentiers, elle profitât au moins aux contribuables.

On reconnaît donc le principe, mais on repousse l'application que veut en faire un ministre, parce qu'elle est vraiment détestable. Une offre de remboursement évidemment praticable au moyen d'un emprunt publiquement contracté à un taux à peu près égal à celui indiqué par la réduction proposée; telles sont les conditions que les hommes qui ne sont pas dépourvus de lumières et de loyauté exigeront toujours avant de donner leur assentiment à une mesure de réduction; car, comme elle blessera nécessairement des intérêts, il faut qu'elle porte un caractère de justice, et que l'utilité en soit démontrée. Il n'y aura jamais justice, qu'autant que le gouvernement pourra prouver aux rentiers qu'il trouve à emprunter à un intérêt moindre que celui qui leur est alloué; l'utilité de la mesure ne sera démontrée que lorsque les charges publiques seront *réellement allégées* d'une somme égale au mon-

tant de la réduction. Voilà, je le crois ferme-
ment, la véritable application des principes
particuliers à cette matière : votre noble assemblée en a jugé ainsi l'année dernière ; il
est impossible qu'elle en juge différemment
cette année. Si donc la question est ramenée
devant votre Chambre, elle sera placée sur
le même terrain ; et elle y restera, parce que
la Chambre des Pairs possède toutes les conditions nécessaires pour bien poser les questions et les bien résoudre.

Parmi les différentes dispositions que renferme cet article 4 en ce moment soumis à
notre examen, il en est une que je dois vous
faire remarquer au moins en passant. La
faculté que M. de Villèle accorde généreuse-
ment aux possesseurs d'inscriptions de rentes
5 pour cent de les échanger contre des 3 pour
cent, est limitée par lui au 22 juin 1825 ; cal-
culons à peu près ce que nous aurons de
temps pour user de la *faculté* dont il s'agit.
Je ne crois pas me montrer déraisonnable
en établissant que la Chambre des députés,
avec la meilleure volonté, ne pourrait pas
arriver au vote de la loi avant la fin du mois
de mars ; et la Chambre des Pairs, occupée
de la loi d'indemnité, qu'elle voudra exami-

nen de très-près, ne pourrait pas, en supposant qu'elle voulût voter la loi des rentes
(pardonnez-moi cette supposition, noble
comte), la livrer au ministre avant les premiers jours du mois de mai : ainsi donc les
rentiers n'auraient pour faire leur choix
qu'un délai de six semaines environ. Pourquoi un délai si court fixé à l'option des 3,
pour cent ? Voici pourquoi : c'est que l'opération projetée est si *délicate*, qu'il faut absolument la brusquer ; si l'on veut faire quelque
chose, on ne doit pas laisser aux *spéculateurs*
le temps de se reconnaître. La loi votée, il y
aura un coup de feu ; tout est manqué si l'on
n'en profite pas : des affaires comme celles-
là demandent à être menées rondement. Dans
cet espace de six semaines, les 3 pour cent
pourraient monter à un tel point que je n'o-
serais pas l'indiquer, de peur de paraître aussi
extravagant que le projet lui-même. La réaction serait terrible à la vérité ; il y aurait
une débâcle, une catastrophe ; mais qu'importe ; les filets de Saint-Cloud ne sont-ils
pas là pour recevoir les malheureux que le
génie financier d'un ministre y aurait con-
duits ?

A l'égard des 4 et demi, c'est tout à fait

différent ; leur aspect n'a rien de sinistre ; ils ne grossiraient pas la liste des suicides de la bourse. M. de Villèle en tient le livre ouvert jusqu'au 22 septembre 1825 ; il pourrait le laisser ouvert toute l'année, et n'aurait pas souvent besoin de tourner le feuillet.

Vous désirez peut-être, monsieur le comte, que je vous dise quelque chose de ces 4 et demi ; je le veux bien, mais, je dois vous l'avouer, je n'y attaché aucune importance ; et je suis bien persuadé que M. le ministre des finances est ici parfaitement de mon avis.

L'offre des 4 et demi n'est qu'un leurre, un prétexte offert à ceux qui seraient disposés à se contenter d'un prétexte. M. de Villèle veut donner à ses amis, et surtout se réserver pour lui-même la faculté de dire qu'il a cherché à contenter tout le monde, à concilier tous les intérêts, à satisfaire à tous les besoins ; mais il n'aurait encore satisfait ici qu'au seul besoin qu'il éprouve personnellement, celui de faire passer son ancien projet au moyen d'un amendement insignifiant qu'il y aurait introduit. Je l'ai déjà donné à entendre ; c'est l'amendement de M. Leroy, repris et dénaturé par M. de Villèle ; entre ses mains il devient illusoire, et il ne pourrait exprimer une offre *réelle* qu'autant qu'il serait accompagné d'une offre de remboursement, sans concurrence des 3 pour cent. Tel était l'amendement primitif de M. Leroy. Veuillez prendre note de ceci, monsieur le comte; si, par impossible, la loi passait comme elle est présentée (et elle n'est pas susceptible de passer autrement), vous ne verriez pas un demi-million de rentes 5 pour cent aller au livre des 4 et demi. Vous en sentirez facilement la raison. Il faut partager en deux parties, d'ailleurs fort inégales, la masse des propriétaires de rentes 5 pour cent, les *spéculateurs* et les *rentiers*; les spéculateurs forment le plus petit nombre; ils seront très-disposés à accepter la conversion, parce qu'ils y verront une occasion de *spéculer;* ce n'est pas un revenu que cherchent ceux-ci, c'est un bénéfice sur le capital; ils prendront des 3 pour cent à 75, afin de les vendre plus cher, et de suivre dans leur marche les banquiers des compagnies de l'année dernière, qu'ils savent fort bien être toujours à la tête de l'opération.

J'ai exposé les dangers auxquels s'exposerait cette classe de porteurs de rentes; je suis bien persuadé que rien ne pourrait les

arrêter. Laissons-les donc, et passons aux
rentiers. Les rentiers s'inquiètent peu des
éventualités que pourrait offrir en plus ou en
moins le capital de leur rente ; c'est un revenu
fixe qu'ils désirent, et le plus élevé est celui
qui leur convient davantage ; ils ne conver-
tiraient pas leur titre en 3 pour cent, puisqu'ils y perdraient un cinquième de leurs
rentes. Ils ne prendraient pas non plus des
4 et demi ; et pourquoi en prendraient-ils ?
Pour se soustraire à une réduction future ?
Mais il sera toujours assez tôt de la subir
lorsqu'elle sera imposée ; et en attendant, rien
n'empêcherait le rentier de jouir de l'intégra-
lité de son revenu. Voici, pour eux, comment
sera posée la question : Aimez-vous mieux
4,500 fr. de rentes que 500 ? Réponse : Non.
M. de Villèle, à la vérité, leur offre une garantie de dix années contre un remboursement ; mais ils savent fort bien que l'on ne
pourra jamais proposer une réduction sans
donner une garantie de cette nature ; de
plus, ils présument qu'une administration
loyale et éclairée ne proposera de réduction
qu'en offrant un remboursement praticable,
et ils trouveront là une puissante garantie
contre des réductions trop rapprochées. Je

le répète donc; les véritables rentiers, et c'est le plus grand nombre, ne prendraient ni des 3 pour cent ni des 4 et demi; ils conserveraient leurs 5 pour cent; ils *attendraient* (1). Ce n'est pas sans raison que je souligne le dernier mot; il faut y faire attention; il conduit fort avant dans la question. On est généralement persuadé que M. de Villèle ne peut pas aller loin; sa position est jugée. Le public, sans savoir précisément à quoi tient son existence (bien peu de personnes le savent), ne croit cependant pas qu'elle puisse se prolonger encore longtemps: et je pense à cet égard comme le public. Eh bien! monsieur le comte, les rentiers *spéculeront* sur la fin prochaine de M. de Villèle. C'est un orage, diront-ils, il faut le laisser passer; une autre administration viendra, et notre rente sera sauvée.

Cette manière de voir est si simple, elle

---

(1) Des personnes dont l'opinion est pour moi une autorité, pensent que beaucoup de rentiers, seduits par l'élévation du cours, se laisseraient entraîner dans les 3 pour cent, dans l'espoir de pouvoir en sortir à temps avec un gros bénéfice; cela se peut, et ce serait une chance de plus pour des malheurs incalculables.

se présente si naturellement, que l'on doit
s'attendre, à l'avance, à voir les rentiers
l'adopter. Leur calcul serait peu sûr, et je
dois le leur dire avec franchise, si je ne veux
pas encourir personnellement le reproche
que je me crois en droit d'adresser à M. le
ministre des finances. C'est peut-être ici,
monsieur le comte, que se trouve le plus
grave inconvénient qui soit attaché au nouveau projet. Il crée des positions diverses,
il établit des inégalités dans la condition
d'une foule d'individus créanciers du gouvernement, et au même titre. Prêtez-vous
un moment à une hypothèse absurde ; sup-
posez que la loi soit votée ; adoptez une
autre hypothèse qui me semble moins déraisonnable, une nouvelle composition du conseil : que résulterait il de cette double combinaison ? eh ! qui pourrait le prévoir ? Ne
voit-on pas dans quel embarras se trouverait placée une administration sage, et qui
ne pourrait pas vouloir suivre le système
qu'elle trouverait établi ; système condamné
par l'opinion, réprouvé par la raison, onéreux à l'État, nuisible aux particuliers, contraire aux intérêts du trône ? Il n'y aurait pas
moyen de songer aux 3 pour cent *livrés au*

taux de 75. M. de Villèle lui-même, restât-il
aux affaires, ne pourrait pas y revenir ; on
ne monte pas deux fois une machine comme
celle-là ; et ceux qui savent bien pourquoi se
fait l'opération et comment elle se fait, sont
au moins bien rassurés sur le retour d'une
opération de cette nature. Il y a des jeux où
l'on ne trompe qu'une fois, et c'est déjà
beaucoup trop. Cependant une autre administration serait amenée par la force des
choses à faire une proposition quelconque ;
il ne lui serait pas permis de laisser se prolonger une situation financière que chacun
et elle aussi trouveraient détestable ; elle serait obligée de revenir promptement sur
cette mesure absurde et déloyale qui réser-
verait aux 3 pour cent l'action de la caisse
d'amortissement, au détriment des possesseurs de 5 pour cent et des contribuables
tout à la fois. Cette première nécessité la
conduirait, par des raisons que je n'ai pas
le temps de développer, et qui seront d'ailleurs saisies par ceux pour qui j'écris, à une
proposition de réduction, avec l'offre préalable d'un remboursement. Et si les circonstances ne permettaient pas d'aller à l'exécution ! à quelles extrémités se verrait on ré-

duit ? Il faudrait donc laisser indéfiniment en
présence trois classes de rentiers appartenant également à la même dette de l'Etat,
les uns réduit à 4 pour cent, les autres à
4 et demi, et le plus grand nombre en possession de leurs 5 pour cent. Quel emploi
raisonnable ferait - on alors du fonds d'amortissement ? dans quel état de désordre se
trouverait la fortune publique ? n'y aurait-il
pas dans cet ensemble de choses de quoi
désespérer une bonne administration ? *Mais
la trouverait-on cette bonne administration?* des
hommes d'Etat (car il faut bien espérer que
nous verrons enfin des hommes d'Etat) jaloux de leur gloire, animés du désir d'être
utiles au prince et au pays, ne reculeraient-
ils pas devant l'avenir qui s'ouvrirait devant
eux ? voudraient - ils accepter le déplorable
héritage que leur aurait légué leur prédécesseur? voudraient-ils encourir la responsabilité des fautes qu'ils n'auraient commises, et
se charger de la conduite des affaires, lorsque, au dedans comme au dehors, les affaires présenteraient un tel aspect, que des
hommes de mérite ne pourraient pas espérer de les rétablir et de les mener à bien ?
Je le demande encore : trouverait-on des

hommes d'un vrai mérite? *Voilà le fond de la question*, monsieur le comte, et je n'ai plus rien à vous dire. L'existence politique de M. de Villèle nous offre un phénomène dont il n'y a d'exemple dans l'histoire d'aucun ministre, et qui rendra la sienne fort difficile à faire. D'ordinaire, un ministre tombe devant ses fautes; M. de Villèle vit et ne peut vivre qu'à cause de ses fautes; la couronne voudrait se débarasser de lui, il doit le sentir; mais il arrête, ou du moins suspend le coup qui le menace, en faisant voir, comme une conséquence naturelle, de sa chute, des actes et des évènemens que sa chute ne rendrait nullement nécessaires, mais qui deviendront inévitables, et plutôt que l'on ne pense, s'il se maintient encore quelques mois au pouvoir; en un mot, le secret de M. de Villèle consiste à donner à son renvoi *l'apparence* d'une impossibilité. Il marche à grands pas à l'accomplissement de ses désirs. Vous voyez quel aspect il a fait prendre à la discussion du projet d'indemnité, et quel effet déplorable il a produit sur le public. Cette loi passera, *et elle doit passer;* cependant l'indemnité est aujourd'hui dans la réduction de la rente, ou, si vous aimez mieux, la réduction est dans l'indemnité. Si la loi qui va entrer en discussion est adoptée, il s'ensuivra une catastrophe; il faut l'annoncer à l'avance ; notre mission est d'avertir : nous ne pouvons rien empêcher. M. de Villèle ose dire (et à qui ose-t-il le dire ?) que les royalistes ne repoussent sa loi que par haine pour sa personne, et dans l'espoir de le renverser. Ah! s'il était vrai que des royalistes fussent guidés par un motif aussi peu digne, leur marche serait bien différente; ils ne feraient point obstacle au ministre; ils pousseraient au contraire à l'adoption de sa loi, car les résultats n'en sont point douteux. Mais, serait-il un royaliste, serait-il un honnête homme celui qui voudrait acheter la chute de M. de Villèle au prix d'un grand malheur, au dépens de la sécurité du trône? Dans la situation où l'on se trouverait alors placé, si je voyais se présenter pour accepter la direction des affaires, un homme nouveau, je dirais : Voici un royaliste qui fait preuve d'un dévouement sublime; voici un homme d'Etat doué d'un puissant génie, et qui doit trouver en lui les moyens de réparer un mal immense; ou bien, voici venir encore une obscure ambition qui va peser sur la France, exploiter à son profit la plus belle monarchie du monde, et continuer cette chaîne de médiocrités, qui depuis dix ans nous enlace et nous serre, mais aujourd'hui plus fortement que jamais. Mais sommes nous bien en droit de nous en plaindre? Cet homme, qui l'a appelé là? qui de nous n'est pas complice de son élévation? qui de nous (et moi comme tous) n'a pas dit ou écrit quelque chose dans la vue d'apprendre à un public qui ne s'en apercevait nullement, que M. de Villèle était un homme d'une haute capacité, un ministre selon les vœux et les besoins de la France?

Ce ministre, qu'a-t-il fait? que fait-il en ce moment? Noble pair! je ne cherche point à mettre de l'ordre dans les dernières paroles que je vous adresse; car mes opinions ne sont plus ici que des sentimens. Encore un mot, il pèse sur mon cœur; j'ai besoin de m'en souager; je ne le dirais pas si je croyais qu'il fût utile de le taire, et qu'il fût possible de le cacher : M. de Villèle a fait au nouveau Roi, *à Charles X*, depuis son avènement, tout le mal que pouvait lui faire un homme, un sujet, un ministre. Que servirait de vouloir dissimuler un fait qui chaque jour acquiert une plus cruelle notoriété? Ce que j'écris ici, cher comte, vous le savez aussi bien que moi, tout le monde le dit, tout le monde le voit, tout le monde le sent. Les indifférens, dont le nombre s'accroît à chaque instant, y font peu d'attention ; le parti ennemi s'en applaudit ; les royalistes, toujours calomniés, mais toujours dévoués, toujours fidèles, en gémissent.

Grand Dieu ! que ce spectacle d'égoïsme et de faiblesse, spectacle qui nous est incessamment offert, fatigue, blesse, irrite les royalistes qui ont encore des sentimens et des idées !

FIN.

www.ingramcontent.com/pod-product-compliance
Lightning Source LLC
Chambersburg PA
CBHW060146100426
42744CB00007B/924